■2025年度高等学校受験用

女子美術大学付属高等学校

収録内容一覧

★この問題集は以下の収録内容となっています。また、編集の都合上、解説、解答用紙を省略させていただいている場合もございますのでご了承ください。

（○印は収録、一印は未収録）

入試問題と解説・解答の収録内容			解答用紙
2024年度	一般	英語・数学・国語	○
2023年度	一般	英語・数学・国語	○
2022年度	一般	英語・数学・国語	○
2021年度	一般	英語・数学・国語	○

★当問題集のバックナンバーは在庫がございません。あらかじめご了承ください。

●凡例●

【英語】

≪解答≫

〔　〕　①別解
②置き換え可能な語句（なお下線は置き換える箇所が2語以上の場合）
(例) <u>I am</u>〔I'm〕glad〔happy〕to ~

（　）　省略可能な言葉

≪解説≫

1, **2**…　本文の段落（ただし本文が会話文の場合は話者の１つの発言）

〔　〕　置き換え可能な語句（なお〔　〕の前の下線は置き換える箇所が 2 語以上の場合）

（　）　①省略が可能な言葉
(例) 「(数が) いくつかの」
②単語・代名詞の意味
(例) 「彼（＝警察官）が叫んだ」
③言い換え可能な言葉
(例) 「いやなにおいがするなべにはふたをするべきだ（＝くさいものにはふたをしろ）」

//　訳文と解説の区切り

cf.　比較・参照

≒　ほぼ同じ意味

【数学】

≪解答≫

〔　〕　別解

≪解説≫

（　）　補足的指示
(例) (右図１参照) など

〔　〕　①公式の文字部分
(例) 〔長方形の面積〕＝〔縦〕×〔横〕
②面積・体積を表す場合
(例) 〔立方体 ABCDEFGH〕

∴　ゆえに

≒　約、およそ

【社会】

≪解答≫

〔　〕　別解

（　）　省略可能な語

＿＿　使用を指示された語句

≪解説≫

〔　〕　別称・略称
(例) 政府開発援助〔ODA〕

（　）　①年号
(例) 壬申の乱が起きた（672 年）。
②意味・補足的説明
(例) 資本収支（海外への投資など）

【理科】

≪解答≫

〔　〕　別解

（　）　省略可能な語

＿＿　使用を指示された語句

≪解説≫

〔　〕　公式の文字部分

（　）　①単位
②補足的説明
③同義・言い換え可能な言葉
(例) カエルの子（オタマジャクシ）

≒　約、およそ

【国語】

≪解答≫

〔　〕　別解

（　）　省略してもよい言葉

＿＿　使用を指示された語句

≪解説≫

〈　〉　課題文中の空所部分（現代語訳・通釈・書き下し文）

（　）　①引用文の指示語の内容
(例) 「それ（＝過去の経験）が ～」
②選択肢の正誤を示す場合
(例) （ア，ウ…×）
③現代語訳で主語などを補った部分
(例) （女は）出てきた。

／　漢詩の書き下し文・現代語訳の改行部分

女子美術大学付属高等学校

所在地	〒166-8538 東京都杉並区和田1-49-8
電　話	03-5340-4541
ホームページ	http://www.joshibi.ac.jp/fuzoku/
交通案内	地下鉄丸ノ内線　東高円寺駅より徒歩8分

普通科

女子

くわしい情報はホームページへ

応募状況

年度	募集数	受験数	合格数	倍率
2024	推薦 32名 一般 33名	35名 104名	34名 44名	1.0倍 2.4倍
2023	推薦 32名 一般 33名	32名 93名	32名 44名	1.0倍 2.1倍
2022	推薦 32名 一般 33名	34名 114名	34名 48名	1.0倍 2.4倍

試験科目　(2025年度入試＜予定＞)

推薦：面接，作品２点(水彩絵具による卓上静物画と卓上静物鉛筆デッサン)を出願時に提出

一般：国語・数学・英語，実技試験(水彩または鉛筆デッサンを選択)，面接

教育目標

建学の精神「我が国の文化に貢献する有能な女性の育成」を支える教育目標を「智の美，芸(わざ)の美，心の美」と表現している。

教育方針

本校はその名のとおり美術教育を柱とし，中学・高校・短大・大学が連携し一貫性のある教育を行っている唯一の学校である。一般教科の学習によって，幅広く知識や教養を身につけるとともに，多彩な学校行事や作品制作を通して各人が感性を磨き，創造性豊かな人間の育成を目指している。

教育の特色

本校の特色は，高等学校普通科の教育課程に準拠しながらも，「芸術」「美術」の時間数が多く配分され，美術教育に重点を置いたところにある。同時に，生徒たちの美術以外のあらゆる可能性に対しても，受容できるよう体制が整えられている。

カリキュラム

１年次では，これから始まる美術教育のために必要な態度や知識を身につける。２年次から絵画，デザイン，工芸・立体の３コースに分かれ，基礎力の向上を目指すとともに専門性を高めていく。女子美術大との連携授業や大学の講義を履修できる制度もある。美術系以外の進学希望者は３年次の美術の時間に普通科目を選択可。英語では，オンライン英会話や美術を通して英語を体得する学びも導入している。

進路

毎年，数多くの卒業生が，推薦入学制度によって優先的に女子美術大学，同短期大学部に進学していく。本校の進路実績では，毎年約90パーセントが美術系に進路をとっている。

学校説明会・行事（予定・要予約）

◎公開授業

①9/28(土)　②11/16(土)

◎学校説明会

8/25(日)

※12/7(土)，1/11(土)にミニ学校説明会を開催

◎文化祭(女子美祭)

10/26(土)・27(日)　※ミニ学校説明会あり

◎夏期講習会(中学３年生対象)

7/22(月)・23(火)

◎秋の実技講習会(中学３年生対象)

11/3(日・祝)

◎作品講評会

①9/28(土)　②12/7(土)

編集部注一本書の内容は2024年6月現在のものであり，変更されている場合があります。正確な情報は，学校のホームページ等で必ずご確認ください。

出題傾向と今後への対策 英語

出題内容

	2024	2023	2022
大問数	7	7	7
小問数	49	49	49
リスニング	×	×	×

◎大問７題で，長文読解，文法・英作文などの構成となっている。小問数は50問程度である。

2024年度の出題状況

1 長文読解総合―伝記
2 適語補充
3 対話文完成―適文選択
4 書き換え―適語補充
5 適語選択・語形変化
6 語形変化
7 和文英訳―整序結合・部分記述・完全記述

解答形式

2024年度	記　述／マーク／併　用

出題傾向

長文のジャンルは，物語，説明文が中心で，英文は短め。設問は，内容真偽や要旨把握，適語(句)・適文選択，整序結合，英作文といったオーソドックスな形式である。文法問題はあらゆる文法単元からまんべんなく出題されている。英作文は部分記述と完全記述が必ず出題されているが，教科書レベルの基本文が選ばれている。

今後への対策

問題は文法の比重が大きいので，まずは文法問題の征服が課題となる。教科書を総復習したら，１冊の文法問題集を繰り返し解こう。長文読解はあまり手を広げず，一つ一つの長文を何回も読み込んでいく方が効果的である。英作文は整序結合や日本語英訳が頻出なので，教科書の基本文を丸ごと暗記しよう。

◆◆◆◆◆ 英語出題分野一覧表 ◆◆◆◆◆

分野			2022	2023	2024	2025 予想※
音声	放送問題					
	単語の発音・アクセント					
	文の区切り・強勢・抑揚					
語彙・文法	単語の意味・綴り・関連知識		■	●		◎
	適語(句)選択・補充		■	■	■	◎
	書き換え・同意文完成		●	●	■	◎
	語形変化		●	■	■	◎
	用法選択		●		●	◎
	正誤問題・誤文訂正					
	その他					
作文	整序結合		●	●	●	◎
	日本語英訳	適語(句)・適文選択				
		部分・完全記述	●	●	●	◎
	条件作文					
	テーマ作文					
会話文	適文選択				●	△
	適語(句)選択・補充					
	その他					
長文読解	内容把握	主題・表題		●		△
		内容真偽	●	●	●	◎
		内容一致・要約文完成				
		文脈・要旨把握	●	●	●	◎
		英問英答				
	適語(句)選択・補充		●	●	●	◎
	適文選択・補充					
	文(章)整序					
	英文・語句解釈(指示語など)		●	●	■	◎
	その他(適所選択)		●	●	●	◎

●印：１～５問出題，■印：６～10問出題，★印：11問以上出題。
※予想欄　◎印：出題されると思われるもの。　△印：出題されるかもしれないもの。

出題傾向と今後への対策 数学

出題内容

2024年度 作 証 グ

大問４題，20問の出題。1は小問集合で，11問。数・式，方程式の計算問題のほか，図形の計量題や正誤を問う問題，確率なども出題されている。2は方程式の応用問題。やや式が複雑なので，ていねいな計算を心がけたい。3は関数で放物線と直線に関するもの。比例定数や直線の式，座標などが問われている。4は平面図形で，円を利用した問題。２つの三角形が相似であることを示す証明問題の出題もある。

2023年度 作 証 グ

大問４題，20問の出題。1は小問集合で，11問。数・式の計算，方程式の計算のほか，図形や確率の出題もある。また，正誤を問う問題もある。2は方程式の応用問題で，増減に関するもの。3は関数で，放物線と直線に関するもの。図形の面積や，面積を２等分する直線の式などが問われている。4は平面図形で，円を利用した問題。２つの三角形が相似であることを示す証明問題もある。

作…作図問題　証…証明問題　グ…グラフ作成問題

解答形式

2024年度	記　述／マーク／併　用

出題傾向

出題構成は，大問４題で，総設問数は20問前後。1は基本問題が約10問出題され，基礎知識や計算力が問われている。うち１問が正誤問題であるのが特徴的。2～4は，方程式の応用，関数，図形で構成されている。関数は放物線と直線に関するものが多い。図形は証明問題が毎年のように出題されている。

今後への対策

まずは，数学の土台となる計算力を身につけること。これには毎日の練習が大事。やや複雑な計算が出題されることもあるので，ていねいな計算を第一に心がけること。これと並行して，各分野の基礎知識をしっかり身につけるようにしよう。公式や定理は覚えるだけでなく，活用できるようにしておこう。

◇◆◆◆◆ 数学出題分野一覧表 ◆◆◆◆◇

分野		2022	2023	2024	2025予想※
数と式	計算，因数分解	★	★	★	◎
	数の性質，数の表し方				
	文字式の利用，等式変形	●	●	●	◎
	方程式の解法，解の利用	●	●	●	◎
	方程式の応用	■	■	■	◎
関　数	比例・反比例，一次関数				
	関数$y=ax^2$とその他の関数	★	★	★	◎
	関数の利用，図形の移動と関数				
図　形	（平面）計　量	■	■	■	◎
	（平面）証明，作図	●	●	●	◎
	（平面）その他				
	（空間）計　量	●	●	●	◎
	（空間）頂点・辺・面，展開図				
	（空間）その他				
データの活用	場合の数，確率	●	●	●	◎
	データの分析・活用，標本調査				
その他	不 等 式				
	特殊・新傾向問題など	●	●	●	◎
	融合問題				

●印：１問出題，■印：２問出題，★印：３問以上出題。
※予想欄　◎印：出題されると思われるもの。　△印：出題されるかもしれないもの。

出題傾向と今後への対策 国語

出題内容

2024年度

論説文　小説

課題文
一 久保(川合)南海子『「推し」の科学』
二 青谷真未『水野瀬高校放送部の四つの声』

2023年度

論説文　小説

課題文
一 稲垣栄洋『はずれ者が進化をつくる』
二 重松　清『千代に八千代に』

2022年度

論説文　小説

課題文
一 鎌田　實『相手の身になる練習』
二 瀧羽麻子『アスパラガスの花束』

解答形式

2024年度　記　述／マーク／併　用

出題傾向

例年，論説文と小説が出題されるが，課題文の分量は，論説文が短く，小説がかなり長くなっている。設問は，ともに内容理解に関するものであるが，レベル的には基本的なものばかりである。ただし，字数制限がなく解答欄が比較的大きいので，しっかりとした解答を書くことが求められる。

今後への対策

読解力を身につけなければならないが，小説と論説文を中心に勉強するとよい。日頃の読書はもとより，標準的なレベルのものでよいから，問題集を数多くこなしておくことが望まれる。また，設問のほとんどが記述解答を要求するものなので，自分の考えを正確に書けるように，訓練しておく必要がある。

◆◆◆◆◆ 国語出題分野一覧表 ◆◆◆◆◆

分野		年度	2022	2023	2024	2025予想※
現代文	論説文 説明文	主題・要旨				
		文脈・接続語・指示語・段落関係		●	●	◎
		文章内容	●	●	●	◎
		表現				
	随筆 日記 手紙	主題・要旨				
		文脈・接続語・指示語・段落関係				
		文章内容				
		表現				
		心情				
	小説	主題・要旨				
		文脈・接続語・指示語・段落関係	●			△
		文章内容	●	●	●	◎
		表現	●	●		◎
		心情	●		●	◎
		状況・情景				
韻文	詩	内容理解				
		形式・技法				
	俳句 和歌 短歌	内容理解				
		技法				
古典	古文	古語・内容理解・現代語訳				
		古典の知識・古典文法				
	漢文	(漢詩を含む)				
国語の知識	漢字 語句	漢字	●	●	●	◎
		語句・四字熟語	●	●		◎
		慣用句・ことわざ・故事成語			●	△
		熟語の構成・漢字の知識				
	文法	品詞				
		ことばの単位・文の組み立て				
		敬語・表現技法	●			△
	文学史					
作文・文章の構成・資料						
その他						

※予想欄　◎印：出題されると思われるもの。　△印：出題されるかもしれないもの。

合格を勝ち取るための

本書の使い方

本書に掲載されている過去問をご覧になって，「難しそう」と感じたかもしれません。でも，大丈夫。ほとんどの受験生が同じように感じるのです。高校入試の出題範囲は中学校の定期テストに比べて広いですし，残りの中学校生活で学ぶはずの，まだ習っていない内容からも出題されているかもしれません。

ですから，初めて本書に取り組む際には，点数を気にする必要はありません。点数は本番で取れればいいのです。

過去問で重要なのは「間違えること」です。自分の弱点を知るために，過去問に取り組むのです。当然，間違った問題をそのままにしておいては意味がありません。

本書には，長年にわたって高校受験に関わってきたベテランスタッフによる詳細な解説がついています。間違えた問題は重点的に解説を読み，何度も解きなおしてください。時にはもう一度，教科書で復習するのもよいでしょう。

別冊として，抜き取って使える解答用紙を収録しました。表示してあるように拡大コピーをとれば，実際の入試と同じ条件で，何度でも過去問に取り組むことができます。特に記述問題では解答欄の大きさがヒントになる場合があります。そうした，本番で使える受験テクニックの練習ができるのも，本書の強みです。

前のページにある「出題傾向と今後への対策」もよく読んで，本校の出題傾向に慣れておきましょう。

2024年度 女子美術大学付属高等学校

【英　語】（50分）〈満点：100点〉

1 次の文章を読んで、問いに答えなさい。

Wolfgang Amadeus Mozart was a musical genius. He was born in 1756 in Salzburg, Austria. His father, Leopold, was a musician. He taught Wolfgang and his sister Maria Anna ① to play *musical instruments. Wolfgang started to play the piano when he was only three years old. One day, Leopold and some musicians were playing a *piece of music. Wolfgang was listening to them. After they finished, he started to play the violin part exactly as he had heard it. ② He remembered the music after hearing it just once! Soon Leopold *realized that ③ it was (ア music イ to ウ impossible エ teach オ his son) because Wolfgang knew almost everything already.

Wolfgang wrote his first piece of music for the piano when he was five years old. When he was six, he was already *earning money for his family. He played for kings and queens and other important people. They paid a lot of money to hear him. He wrote his first *symphony at the age of eight and his first opera at age 11. People called him the ④ "wonder child." Wolfgang liked the ⑤ attention.

Mozart was cute as a child. He had red cheeks and bright, blue eyes. But as he got older, he was not handsome. He was a small man with a large head and pale skin. He was always worried about his (⑥). He liked to wear elegant clothes. He also took special care of his hair because he thought ⑦ it was his best *feature.

Mozart ⑧ (fall) in love with his *landlady's daughter. She did not love him, so he *married her sister, Constanze. ⑨ Constanze was very much like her husband. She was musical and loved to have fun. [A] *Unfortunately, the Mozarts had money problems. Wolfgang made a lot of money, but ⑩ he was always in debt. When he got money, he usually spent it on expensive clothes and *furniture. [B] One story said that once when Mozart had no money to heat his house, he danced with his wife to (⑪).

Mozart worked very hard. He liked to work when it was quiet in the house. [C] He liked to write music while he was standing. He often slept for only four hours a night.

⑫ He also worked very quickly. He wrote three of his greatest works in only six weeks. He also wrote a whole opera in just a few weeks. Many people believe that ⑬ Mozart wrote faster than any other *composer in history. Mozart also had an *ability to write all kinds of music. [D] He wrote operas, ⑭ (symphony), and church music. And he wrote music for every instrument. He even wrote music for clocks. In all, Mozart wrote over 600 pieces of music.

注）

musical instrument(s)：楽器	piece：曲	realize：理解する
earn：稼ぐ	symphony：交響曲	feature：特徴
landlady：（下宿先の）女主人	marry：結婚する	unfortunately：不幸にも
furniture：家具	composer：作曲家	ability：能力

問１　下線部①の to play と同じ用法の不定詞を次の中から選び、記号で答えなさい。

ア　I like to play with my dogs.

イ　I don't have time to play video games.

ウ　I went to the park to play tennis.

エ　I was happy to play the piano.

２　下線部②を日本語に直しなさい。

３　下線部③について、意味がとおるように（　　）内の語句を並べかえ、２番目と４番目にくるものを記号で答えなさい。

４　下線部④の wonder child の意味を次の中から選び、記号で答えなさい。

ア　静かな子ども　　イ　天才的な子ども

ウ　愉快な子ども　　エ　おしゃれな子ども

５　下線部⑤の attention の意味を次の中から選び、記号で答えなさい。

ア　注目されること　　イ　比較されること

ウ　尊敬されること　　エ　研究されること

6　空所⑥に入れるのに最も適するものを次の中から選び、記号で答えなさい。

ア　gifts　　イ　looks　　ウ　meals　　エ　songs

7　下線部⑦のitが指すものを本文中から２語で抜き出しなさい。

8　下線部⑧のfallを適切な形になおしなさい。

9　下線部⑨の意味として正しいものを次の中から選び、記号で答えなさい。

ア　コンスタンツェは、姉のことが大好きだった。

イ　コンスタンツェは、姉にとてもよく似ていた。

ウ　コンスタンツェは、夫のことが大好きだった。

エ　コンスタンツェは、夫にとてもよく似ていた。

10　下線部⑩は「彼はいつも借金をしていた」という意味ですが、その原因を日本語で答えなさい。

11　空所⑪に入れるのに最も適するものを次の中から選び、記号で答えなさい。

ア　be quiet　　イ　feel happy　　ウ　get tired　　エ　keep warm

12　下線部⑫の意味として正しいものを次の中から選び、記号で答えなさい。

ア　モーツァルトは、朝起きるのがとても早かった。

イ　モーツァルトは、夜寝るのがとても早かった。

ウ　モーツァルトは、作曲するのがとても速かった。

エ　モーツァルトは、演奏するのがとても速かった。

13　下線部⑬を次のように書き替えたとき、（　　）に適する語を答えなさい。

Mozart wrote faster than any other composer in history.

= Mozart wrote the (　　)(　　) all the composers in history.

14　下線部⑭のsymphonyを複数形に直しなさい。

15 He began work at six o'clock in the evening and worked all night. という英文が本文から抜けていますが、これは本文中の空所A，B，C，Dのどこに入りますか。記号で答えなさい。

16 モーツァルトが初めてピアノ曲を作曲したのは、何歳の時でしたか。

17 本文の内容と一致するものを次の中から2つ選び、記号で答えなさい。

ア　モーツァルトの両親は、ともに音楽家であった。

イ　モーツァルトは、明るい緑色の目をしていた。

ウ　モーツァルトが最初に習った楽器は、ヴァイオリンだった。

エ　モーツァルトは、王様や女王様のために演奏したこともあった。

オ　モーツァルトは、立ったまま作曲することもあった。

2 次の（　　）内に適切な語を入れて、英文を完成させなさい。

1　(　　) do you like winter? — Because I can enjoy skiing.

2　(　　) careful when you cross the street.

3　What's the (　　) today? — It's December 6.

4　Go along the street and (　　) left at the second corner.

5　Ms. White has (　　) teaching English for 20 years.

3 次のAとBの対話について、(　　)に入る適切な文をア～エの中から選び、記号で答えなさい。

1　A：I heard that you were sick. Are you better now?

B：(　　　　　　　　　　　)

ア　I'll leave tomorrow.

イ　I was there.

ウ　I'm fine now.

エ　Please take care.

2　A：(　　　　　　　　　　　)

B：Bacon, lettuce, tomato, and onion, please.

ア　What did you eat today?

イ　You have a lot of vegetables.

ウ　What would you like in your sandwich?

エ　What would you like to drink?

3　A：What does your brother do?

B：(　　　　　　　　　　　)

ア　He is a policeman.

イ　He was a doctor.

ウ　I'm talking with you.

エ　It's my brother.

4　A：What is the story you like?

B：(　　　　　　　　　　　) It makes me happy.

ア　I don’t know the story.

イ　I like the story very much.

ウ　The story is very interesting.

エ　I love the story of *Peter Pan*.

5　A：How do you come to school?

B：(　　　　　　　　　　　)

ア　I liked to walk to school.

イ　I come to school for fun.

ウ　I come to school on weekdays.

エ　I walk to school every day.

4　次の各組の文がほぼ同じ意味になるように、(　　) 内に適切な語を入れなさい。

1 { Who is your favorite singer?
  (　) singer do you (　)?

2 { Let’s play tennis.
  (　)(　) play tennis?

3 { I am a member of the soccer club in our town.
  I (　)(　) the soccer club in our town.

4 { I know where I should go for help.
  I know (　)(　) go for help.

5 { How many students are there in your class?
  How many students (　)(　) have in your class?

5 次の各文の（　　）内から適切な語を選び、記号で答えなさい。

1　May I try（ア for　イ on　ウ to）this sweater?

2　He（ア run　イ runs　ウ ran）10 kilometers yesterday.

3　My aunt practices Yoga for half（ア a　イ an　ウ the）hour every morning.

4　I'll be very happy if she（ア calls　イ called　ウ calling）me.

5　（ア Do　イ Does　ウ What）your mother have any hobbies?

6 次の各文の（　　）内の語を適切な形になおしなさい。

1　Our city（ hold ）an art festival two weeks ago.

2　This is the（ easy ）test I have ever had.

3　I wish I（ am ）rich.

4　Jun is the boy（ wear ）a blue cap.

5　I put folks and（ knife ）on the table for dinner.

7 1と2は、日本語の意味になるように、（　　）内の語句を並べかえなさい。

ただし文頭に来る語も小文字になっています。

3と4は、日本語の意味になるように、（　　）内に適切な語を入れ、英文を完成させなさい。

5と6は、英語になおしなさい。

1　この山は雪で覆われていました。

(mountain / was / with / this / snow / covered).

2　一生懸命勉強しなさい、そうすれば試験に合格できますよ。

Study (you / hard, / will / and / the exam / pass).

3　私の夢は画家になることです。

My dream is (　　)(　　) a (　　).

4　ケンタは今お風呂に入っていますか？

(　　) Kenta (　　) a (　　) now?

5　ミユキは日本の文化を勉強することに興味があります。

6　その映画を作るのに9ヶ月かかりました。(※数字も英語にすること)

【数　学】（50分）〈満点：100点〉

1　次の各問いに答えなさい。

(1)　$-7^2+(-5)^2-(-4)^3$ を計算しなさい。

(2)　$\left(-\frac{2}{3}xy^2\right)^2\div\left(-\frac{3}{4}x^2y^3\right)$ を計算しなさい。

(3)　$\frac{18\sqrt{2}}{\sqrt{12}}-\sqrt{24}+\frac{6}{\sqrt{54}}$ を計算しなさい。

(4)　$\frac{3x-y}{10}-\frac{x-y}{14}$ を計算しなさい。

(5)　$S=\frac{(a+b)h}{2}$ を a について解きなさい。

(6)　$4x^2-40x+100$ を因数分解しなさい。

(7)　$(x-5)(x-2)+2=2(x-3)^2$ を解きなさい。

(8)　$\overset{\frown}{PQ}:\overset{\frown}{QR}:\overset{\frown}{RS}:\overset{\frown}{SP}=2:3:4:1$　のとき角xの大きさを求めなさい。

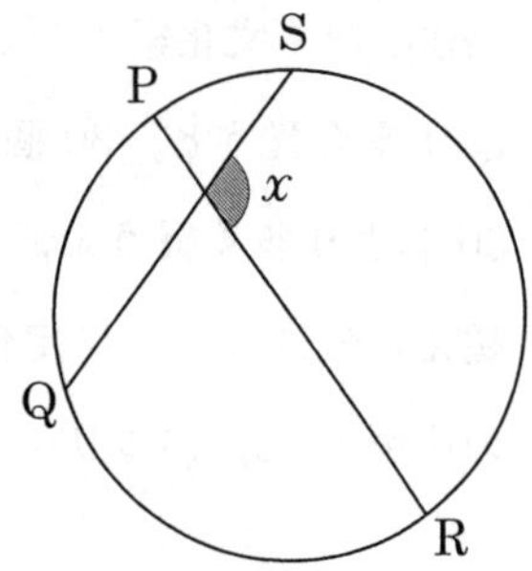

(9)　次の文章の中から正しいものをすべて選び，アルファベット順に答えなさい。

(a)　4つの辺の長さが等しい四角形は，正方形である。

(b)　$\sqrt{7}$の整数部分は2である。

(c)　10個のデータを値の大きさの順に並べたとき，中央値は，5番目と6番目の値の平均値である。

(d)　有理数と無理数の積は，必ず無理数である。

(e)　2つの立体が相似であるとき，相似比が2：3ならば体積比は4：9である。

(10)　0から4までの数字が書かれたカード [0] [1] [2] [3] [4] が1枚ずつあります。この中から2枚を取り出したとき，2つの数字の積が6以下になる確率を求めなさい。

(11)　次の図形を直線ℓを軸として1回転させてできる回転体の体積を求めなさい。

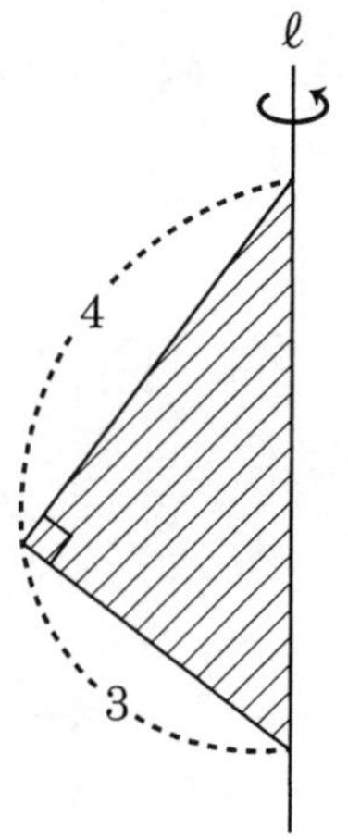

2 62000 円で文化祭に必要な商品 A を 46 個, 商品 B を 82 個買いました。商品 A は, 30 個より多く買うと, 30 個を超えた分については定価の 1 割引きになります。商品 B は, 30 個より多く買うと, 30 個を超えた分については 60 個まで定価の 2 割引き, 60 個を超えた分については定価の 4 割引きになります。商品 A と商品 B の 1 個あたりの定価の比が 1：3, おつりが 500 円でした。このとき, 次の問いに答えなさい。

(1) 商品 A の 1 個の定価を x 円, 商品 B の 1 個の定価を y 円として, 次のように式を立てました。空欄㋐, ㋑, ㋒, ㋓, ㋔にあてはまる数を答えなさい。

$$\begin{cases} y = \boxed{\text{㋐}}\,x \\ 30x + \boxed{\text{㋑}} \times 0.9x + 30y + 30 \times \boxed{\text{㋒}}\,y + \boxed{\text{㋓}} \times 0.6y = 62000 - \boxed{\text{㋔}} \end{cases}$$

(2) 商品 A の 1 個の定価を求めなさい。

3 下の図において，放物線$y=ax^2$とその放物線上の２点A, Bを通る直線ABがあります。点Aの座標は（3，3），点Bのx座標は－１です。直線ABの中点をMとし，Mを通りy軸に平行な直線について，放物線との交点をC, x軸との交点をDとします。また，点Aからx軸に垂線を下したときのx軸との交点をE，点Cを通り直線ABに平行な直線がx軸と交わる点をF，直線AEと交わる点をGとします。このとき，次の問いに答えなさい。

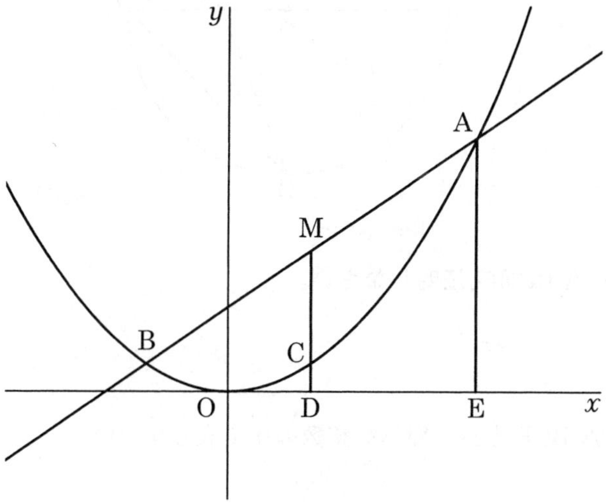

（1） aの値を求めなさい。

（2） 直線ABの式を求めなさい。

（3） 点Cの座標を求めなさい。

（4） △CFDの面積を求めなさい。

（5） 台形CDEGの面積は，△CFDの面積の何倍かを求めなさい。

4 下の図のように，円Oの周上に点A, B, C, Dをとります。ACは円Oの直径，点Bは$\overset{\frown}{AC}$の中点，点Dは直径ACに対して点Bと反対側の点とします。また，点Cから線分BDに垂線を下ろし，BDとの交点をEとします。次の問いに答えなさい。

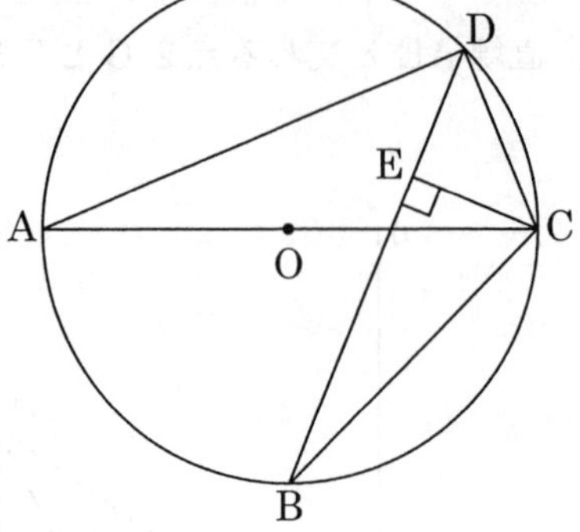

(1)　△ACD ∽ △BCE を証明しなさい。

(2)　△ACD：△BCE を最も簡単な整数の比で表しなさい。

問八　――線H「放ったのは、色も形もないものだ。でもそれを、受け止めてくれたら俺は嬉しい」とありますが、「俺」は高村に、何を「受け止めて」もらいたいのですか。文中の言葉を使って答えなさい。

問九　――線①・②のカタカナを漢字に直し、――線③の漢字の読みをひらがなで答えなさい。

問二　――線B「心が折れて」とありますが、なぜ「俺」は「心が折れた」のですか。説明しなさい。

問三　――線C「先輩たちの中には懐かしい顔もあり、声をかけたくなる気持ちもあったがぐっとこらえた」とありますが、それはなぜですか。最も適切なものを次から選び、記号で答えなさい。

ア　野球部の先輩たちと顔を合わせるのは久しぶりなので、声をかけるのが照れくさかったから。
イ　野球部の先輩たちに、放送部の部長となった自分が声をかけることに対して、ためらいを感じたから。
ウ　野球部は上下関係が厳しく、後輩から気安く声をかけるのは、許されないことだと考えているから。
エ　先輩たちと顔を合わせると、野球部での嫌な思い出がよみがえってきそうで怖いと思ったから。

問四　――線D「反射のように背筋を伸ばしてしまった」とありますが、このときの「俺」の気持ちとして適切なものを次から二つ選び、記号で答えなさい。

ア　緊張　　イ　絶望　　ウ　不安　　エ　驚き　　オ　諦め

問五　――線E「十分報われた気がした」とありますが、なぜ「報われた気がした」のですか。説明しなさい。

問六　――線F「……そのつもりだった」とありますが、高村が部長に立候補したのはどのような考えからですか。答えなさい。

問七　――線G「自分についた嘘を訂正する」とありますが、そのことを具体的に表した箇所を文中から十二字で抜き出しなさい。（句読点等を含む）

いつの間にか右手を握りしめていた。いつもの癖だ。握り込んだものはなんだろう。胸の中がめちゃくちゃで判別がつかない。でも、嫌な気分ではなかった。

右手を握って振りかぶるのは、考えたくもないことを頭の外に放り出すための動作のつもりだった。でも握りしめていたのは嫌な気持ちばかりじゃなく、上手く言語化できない、言葉になる前の気持ちそのものだったんじゃないか。

自然と歩調が速くなる。立ち止まり、背後の高村を振り返った。

高村はまだ同じ場所に立って俺を見ている。

その顔を見たら、思うより先に体が動いた。片足を後ろに引き、右手で何かを握りしめ、両手を大きく振りかぶる。

俺が両手に何も持っていないことは高村もわかっているはずだ。でも条件反射なのか、胸の前でミットを構えるようなポーズをとった。

持て余す気持ちを、どこかに捨てるのではなく、届けたい、と初めて思った。

空に向かって手首を振れば、高村の視線が上を向く。

「オーライ」

H フライをキャッチするように、空に向かって高村が手を伸ばす。

放ったのは、色も形もないものだ。でもそれを、受け止めてくれたら俺は嬉しい。

高村。またいつか、今度は本物のボールを使って、一緒にキャッチボールをしよう。

――『水野瀬高校放送部の四つの声』青谷　真未　より――

早川書房　刊

問一　――線A「自然と先輩たちから『次の部長は巌だな』と声をかけられるようになった」とありますが、「俺」は、先輩たちが、自分のどのようなところを評価していると考えていますか。解答欄に合うように、文中から五字で抜き出しなさい。（句読点を含まない）

沸き上がる歓声だった。
　一瞬で意識を持っていかれた。胸を摑んだのは試合中のあの高揚感だ。
　でも自分は、とっさにその事実を否定した。小学生のときに父親からグローブを買ってもらって、それでなんとなく続けていただけで、野球になんてもう未練はない。それほど野球が好きだったわけでもないのだから。だから、こんな音に球場の歓声を重ねて動けなくなるはずがないのだ。
　そう、思いたかった。だってもう、戻れないのに。
「すっげー音」
　高村が耳の穴に小指を突っ込んで笑う。なんだか久しぶりに高村の素の声を聞いた気がした。
　隣にいる高村は野球部のユニフォームを着て、俺は制服を着ている。
　もう戻れない。俺は野球部をやめてしまったし、今や放送部の部長だ。
　でも、G自分についた嘘を訂正するのに「もう遅い」なんてことはないんじゃないか。
　グラウンド整備をしていた野球部員が、こちらに向かって大きく手を振る。野球部の新部長だ。
　志村たちの一件があった後、高村が新しい部長と一緒に練習メニューを作っていると聞いたとき、俺だって、という言葉が喉元までせり上がってきた。あの言葉の続きが、今ならわかる。
　もう夏の大会には出られない。他校との試合もできない。それでも必死で部員たちのためにメニューを作る高村の気持ちが痛いほどわかった。
　わかる、高村。俺だって。
「俺だって、野球好きだ」
　好きだからずっと続けていたし、必死だったのだ。
　高村は何も言わない。黙って隣に立っている。
　わかってる、というように高村が頷くのが目の端でちらりと見えて、急速に視界が滲んだ。それをごまかすように、大股でテントへ向かう。
　高村はついてこない。高村と俺はもう、戻る場所が違う。

小学生の頃からずっと野球を続けていたが、周りを押しのけてまでレギュラーになろうなんて思ったのは初めてだったかもしれない。

スムーズに部長になっていたら、あんな激しい渇望（かつぼう）を知ることもなかった。部内の調整で手いっぱいになって、選手としてはひたすら無欲になっていただろう。

谷津先輩も言っていた。強くなってもらうためには嫌われるのも仕方がないと。高村は、その役を買って出てくれたんじゃないだろうか。

高村はしばし黙り込んだ後、帽子のつばを軽く引いて俯（うつむ）いた。

F「……そのつもりだった。お前が野球やめるなんて、思ってもなかった」

ごめん、と小さな声が続く。

謝ってほしかったわけじゃない。でも、高村の本心を耳にしたことで、胸にわだかまっていたものがようやく溶けた。尋ねればこんなにもあっさりと答えが返ってくるのに、頑（かたく）なに高村に背を向け続けていたことを今更悔やむ。

強い風が吹いて、頭上を覆う薄い雲がゆっくりと動く。そのとき、テントから悲鳴のような声が上がった。見れば白瀬が紙束を取り落とし、それが風に煽（あお）られテントの外へ吹き飛ばされていく。南条（なんじょう）さんが面倒くさそうに足元に散らばった紙を拾い、マイクの前にいた赤羽さんも身を翻（ひるがえ）す。

赤羽さんがテーブルに体をぶつけた瞬間、低いノイズが校庭のスピーカーから響いた。

何かのはずみでマイクの電源が入ったのかもしれない。

テーブルの上のマイクが倒れ、次の瞬間、校庭中にあの異音が響き渡る。

グラウンド整備をしていた野球部員たちが手を止めた。俺もその場に棒立ちになる。

ろくに放送委員会も活動していなければ、放送部もなかったうちの学校では、職員室からの呼び出しやチャイムの音を除けば、滅多にスピーカーから音が流れることはない。

だから動けなかった。あれは非日常の音だ。マイクの電源を入れた瞬間聞こえるあの音。周囲の空気を不思議と張り詰めさせるあの音を聞いた瞬間、球場のアナウンスを思い出した。

直後校庭に響き渡った大音量。空気が震えるようなそれを聞いて思い出したのは、ヒットを打った瞬間スタンドから

「今日の試合、ありがとな」
「……別に、俺は何も。アナウンスも一年に任せっぱなしだったし」
「ＯＢとの試合を提案してくれたことだよ」
野球部にいた頃、高村とどんなふうに会話をしていたのか思い出せない。高村が部長に立候補した辺りからぎくしゃくして、会話が減っていたせいもある。
軽く息を吸って、緊張ごと吹き飛ばすように鋭く吐く。
「俺はむしろ、野球部のみんながこの話に乗ってくれると思わなかった。部活やめた俺の話なんて、聞き流されるかもしれないと思ったから」
「聞き流さないだろ。こんな面白そうな話持ちかけといて、そんなネガティブなこと考えてたのか」
横目でちらりと高村を見る。ユニフォームが真っ白だ。高村は、今日の試合に結局一度も出なかった。貴重な機会を後輩たちに譲ったのかもしれない。
俺の視線には気づかぬ様子で、高村はグラウンド整備をする野球部員たちを見て目を眇(すが)めた。
「高村は夏まで野球部続けるのか？」
「続ける」
即答だった。
まっすぐな声に背中を押され、長く口にできなかった疑問を言葉にした。
「去年、なんで部長に立候補した？」
これにはすぐに返事がなかった。目の端で高村が口を引き結ぶのがわかる。答えるつもりはないのかもしれない。だから、これは全部俺の想像だ。
「俺が部長になったら、もう絶対レギュラー目指さないと思ったからか？　部長の仕事をまっとうする、なんて言い訳して、俺が自主練減らさないようにしたんじゃないか？」
去年、俺はかつてなくレギュラー争いに躍起になった。高村が四番打者兼部長なんてポジションをかっさらっていったことに腹を立て、だったらせめて俺もレギュラーになってやるとがむしゃらに練習に打ち込んだ。

グラウンドに歓声が上がる。野球部がヒットを打った。隣で谷津先輩が「おー、打った打った」とのんきな声を上げる。
「今日の試合、計画してくれたの巌なんだって？　放送部として」
その一言で、ぎくりと背筋が強張（こわば）った。
青ざめた俺の横顔を見て、先輩は声を立てて笑う。
「別に野球部やめたからってどついたりしないって！」
「……はい、でも、すみません」
「なんで謝るんだよ。いいじゃん、好きなことやったら」
先輩が頭の後ろで両手を組む。相変わらず髪は短く刈られているが、こちらを見る目は以前より格段に穏やかだ。その目がどこか眩（まぶ）しそうに細められる。

試合が終わったのは、正午を少し回る頃だった。
最初こそOBに点差をつけられた野球部だったが、後半は開き直ったのか急に動きがよくなって、九回裏は野球部の逆転勝利もあり得る怒濤（どとう）の攻勢だった。
試合結果は、七対五でOBチームの勝利。
最後に両選手がベンチ前に整列した。互いに向かい合い、礼をする。
俺はそれを、放送機器の置かれたテントの下から見ていた。野球部員たちの、悔しい、と、楽しかった、が入り混じった顔を、遠く眺める。
OBたちが監督と一緒に部室へ向かい、残った野球部員たちがグラウンド整備を行う。放送部も撤収作業を行っていると、ユニフォームを着た野球部員が近づいてきた。高村だ。
高村はまっすぐ俺を見て「ちょっといいか？」と声をかけてくる。そばにいた福田先生に目を向けると、軽く頷（うなず）き返された。
テントを出て、高村とともに校庭の隅へ向かう。グラウンドを整備する野球部員たちの声が薄く響くその場所で、高村はゆっくりと足を止めた。

「いや……怖かったっす……」

先輩は俺の隣に立ち、試合を眺めながらのんびりした口調で言う。

「先輩なんて後輩にビビられてなんぼだからさ。なんだかんだ人間って、怖い人の言うこと聞くじゃん。優しく指導してたらきつい練習とか絶対手ぇ抜くでしょ。強くなってもらうためには、嫌われてもしょうがないと思って。でもあまり厳しくし過ぎるとやめちゃう奴(やつ)もいるから、さじ加減が難しくてなー。発破かけようとして無茶なこと言ったりしたけど、巌は文句も言わずに黙々と努力してたから偉かったよな」

在学中、一度も褒められたことのなかった谷津先輩に褒められて息が止まった。

「……そう、ですかね」

「一年の中でも特に根性あるなぁと思ったよ。いつも最後まで残って、用具片づけて帰ってただろ?」

まさか誰かに見られていたとは思わず、相槌(あいづち)も忘れて谷津先輩を③凝視してしまった。

先輩たちが帰った後、用具を片づけるのは一年生の仕事だ。俺は片づけを一人で引き受け、他のメンバーが帰った後も今日の練習の反省をしながらバットを振り続けた。努力を続ければ何か変わると信じて、小さな変化が生まれるのをひたすら祈った。

きっと、ささやかな変化はあったはずだ。でも高村のような選手が近くにいたおかげで、自分自身のちっぽけな変化を喜べるだけの余裕がなかった。

焦ってバットを振る自分が、自分でも滑稽(こっけい)に思えた。誰かに見られたら指をさされて笑われるだろうと思っていたその姿を、まさかこんな形で認められるとは。

ずっと力を入れっぱなしだった肩から、すうっと力が抜けた。

高校時代は一度もレギュラーにはなれなかったし、部長になることも叶わなかったし、最後は野球部もやめてしまった。小学校から続けてきた野球にこんな形でピリオドを打って、何も残せなかったとぼんやり思ったけれど違うのかもしれない。

少なくとも、鬼のように怖かった谷津先輩が認めてくれたのだ。

それだけで、E十分報われた気がした。

福田先生は慣れた手つきでパイプを組み立てながら、照れたように笑った。
「放送部が再スタートして、なんだかんだ一番浮かれてるの俺だからさ」
支柱に天幕の紐を結ぶ手に力がこもる。自分のことを言われたのかと思い、真っ先に野球と口走ってしまった。

ベンチは二年生が中心だ。高村の姿もある。高村はスタメンではなかったが、途中交代もあるだろうか。あいつなら、先輩たちの球も打ち返せるのではないか。
「厳はなんでこんなところから一人で試合眺めてんだ？」
突然声をかけられ、しかもそれが覚えのある声だったので、D反射のように背筋を伸ばしてしまった。振り返れば思った通り、後ろに谷津先輩が立っている。夢中で試合を見詰めていたせいで、背後から近づいてくる気配に気づかなかった。
谷津先輩は二学年上で、一年のときお世話になった。大声を出すタイプではなかったが、吊り上がった細い目で睨まれると怒鳴られるよりよほど怖かったものだ。
先輩はユニフォームではなくジャージを着ている。今日は試合に参加しないのだろうか。俺の視線に気づいたのか、先輩が踵で軽く地面を叩いた。
「ちょっと足首痛めて、今日は見学」
「怪我してるのに、わざわざ来ていただいてありがとうございます」
「いいよ、そんな堅っ苦しくしなくて」
谷津先輩は笑って俺に肩をぶつける。気安い仕草に驚いた。在学中はあまり後輩と戯れるようなタイプではなかったし、一年生に向かって笑いかけることもなかったのに。
「どうした？」
「一年のときは先輩……めちゃくちゃ怖かったので、別人みたいで」
「怖かった？　マジか、よかった。監督からさんざん『お前は気の抜けた顔してるから後輩に舐められるなよ』って言われてたからさぁ」

いメニューを考える姿が目に浮かんだ。
――俺だって。
空っぽの右手を握りしめ、振りかぶるより先に声を上げていた。
「――試合しよう」

巌は、野球部とOBチームで練習試合を組み、その司会として放送部が加わるという提案をした。

六月の第二土曜に野球部とOBチームの練習試合が行われることが決まると、朝の天気予報を一喜一憂しながら見守るのが日課になった。予報はずっと曇りをキープしていたが、前日になって天気が変わるのは珍しくもない。どうか降ってくれるなと祈り続けたかいがあったのか、当日は朝から薄曇り。降水確率は十パーセントだ。
そして迎えた土曜日の今日、まだ朝も早いが校庭にはすでに野球部員たちの姿がある。OBの先輩たちもちらほらやってきて、野球部の部室で着替えをするらしい。
C先輩たちの中には懐かしい顔もあり、声をかけたくなる気持ちもあったがぐっとこらえた。こちらはもう野球部ではなく、放送部なのだ。
グラウンド整備をする野球部員たちの横で、放送部は校庭の隅に三角屋根の白いテントを運び出す。赤羽(あかば)さんと白瀬(しろせ)は校内から長テーブルを持ってくることになり、福田(ふくだ)先生と二人でテントを立てながら、改めて今日の試合の礼を述べた。
「今回は俺の思いつきにつき合わせてしまってすみませんでした。野球部の説得にも協力してもらって、本当にありがとうございます」
先生は支柱パイプを組み立てながら、いやいや、と笑う。
「本気で好きなもののことになると、誰(だれ)だって必死になるもんだからな」
どきりとして、差込口にパイプを嵌(は)めていた手が止まった。
「俺は、別に……野球が好きなわけじゃ」
「ん？　ああ、お前のことじゃないよ。俺のこと」

欲しがるのか。

　努力したらなんでも夢が叶(かな)うわけでもないが、努力してもなんにも手に入らないなら、どうして俺は何年も苦しい練習に耐えてきたのだろう。

　急に虚(むな)しくなった。真面目に練習を続けても何も得られない。レギュラーも、部長の肩書きも。何よりも、気心の知れた友人だと思っていた高村が、あっさりと俺の望むポジションを奪っていったことに打ちのめされた。

　真面目さや勤勉さなんて、才能の前では鼻息ひとつで吹き飛ばされる。二年が終わる頃にはB心が折れて、それで野球部を退部したのだ。

　一つ気になることがあるとすれば、高村がどうして部長に立候補したのかということだ。野球部を去るまでの一年、最後までその胸の内を尋ねることはできなかった。

　訊(き)けばよかったのだ。でも訊きたくなかった。どんな言い訳をされても許せないと思ったし、逆に開き直られてもしたら、これまで一緒に野球部でボールを追っていた思い出に泥をぶちまけられてしまう気がした。

　高村は決して目立ちたがり屋ではなかった。他人の嫌がることをわざとするような男でもなかったと思う。だからいっそう高村が何を考えていたのかわからない。

　部長は意外と雑務が多い。放送部の部長になって嫌というほどわかった。「部長だから」という言葉には、思った以上のプレッシャーも張りついている。

　練習に集中するためにも、部長は他人に任せるべきだった。それなのに、どうして高村はあんなにも部長にこだわったのだろう。

　部活をやめ、クラスも別々になり、野球部で使っていたメッセージアプリのグループからも抜けてしまった今、高村の真意を尋ねることはもうできない。

　高校生活最後の一年、総括ともいえるこの時期に野球部員が不祥事(ふしょうじ)を起こし、最後の大会に出られなくなったとわかっても、高村は黙々と動き続けている。

　きっと高村は、志村(しむら)たちを非難することもしないのだろう。そんなことをしている暇も②オしいとばかり、黙々と新し

二　次の文章を読んで、後の問いに答えなさい。

高村は野球が上手かった。

バッターボックスに立てば必ず出塁したし、守りに入れば水も漏らさぬ守備でボールを捌く。一年生にして出塁率は先輩たちすら凌ぎ、二年生に進級する頃は四番打者を約束されていた。甲子園常連校でもない弱小野球部によくぞこんな選手がやって来たものだと、監督が①コウフンしていたくらいだ。

対する自分は、野球歴こそ長いものの目立った才能があるわけでもない。真面目だけが取り柄で、監督や先輩のアドバイスを素直に取り入れ黙々と練習に励んできたが、高村のような華々しい結果を残すことはついぞなかった。

真面目以外の長所があるとすれば、目端が利くことぐらいだろうか。部員たちの顔色を読んでそれとなく心身の不調を悟り、さりげなく声をかけることはできた。

他校の野球部はどうか知らないが、うちの野球部は必ずしもエースが部長を務めるわけではない。むしろレギュラー陣を試合に集中させるため、部長は補欠から選ぶ傾向にある。

俺は他の部員のフォローに回ることが多かったから、A自然と先輩たちから「次の部長は巌だな」と声をかけられるようになった。口先では謙遜したが、俺自身、すっかりその気になっていた。

唯一、高村にだけは本心を打ち明けたことがある。一年の終わり頃のことだ。

「俺がレギュラーになるのは難しいだろうけど、部長になったら精一杯みんなのフォローをしたい」なんてことを告げた。高村なら、頑張れよと背中を叩いてくれると思って。

それなのに、翌年部長に任命されたのは、俺ではなくて高村だった。

ショックだった。試合に出られないならせめて部長に、と密かに思っていただけに。

後に、高村が春休み中に監督のもとを訪れ、自ら部長に立候補したことを知った。部長になったら精一杯みんなをフォローしたいと、俺が高村に打ち明けた後のことだ。

どうして、と思った。

お前はレギュラーとして試合に出られるし、四番打者として活躍の場がいくらでもある。それなのに、部長の座まで

問三　――線C「情けは人のためならず」の意味として最も適切なものを次から選び、記号で答えなさい。

ア　親切は自分のためになる。
イ　親切は相手のためにならない。
ウ　同情はお互いのためになる。
エ　同情は誰のためにもならない。

問四　［1］・［2］に入る最も適切な言葉を、文中からそれぞれ抜き出しなさい。

問五　［3］に入る最も適切な接続語を次から選び、記号で答えなさい。

ア　そして　　イ　だが　　ウ　つまり　　エ　さて

問六　――線D「私は人間としての幸福を享受していたんだ！」とありますが、どのようにすることが人間の「幸福」につながるのですか。答えなさい。

問七　――線①・②のカタカナを漢字に直しなさい。

人間が生まれながらに持っているメカニズムであれば、幼い子どもであっても同じ結果となるでしょう。ダン先生らは、二歳よりも小さい子どもにお菓子をあげて、それを子ども自身がもらった時と、もらってからぬいぐるみの人形に分けてあげた時とで比べてみました。すると、自分がもらった時よりも、ぬいぐるみの人形に分けてあげた時のほうが喜んでいることがわかりました。ほんの小さな子どもであっても、自分の資源を他者に分け与えることは楽しいのです。

「推し」に自分の時間や労力、時にお金をつぎこんで、直接的な見返りがあるわけではありません。けれどそんなことはまったく問題ではないのです。そうすることが人間としての幸せであり、その行為だけでもう十分な見返りをもらっているのですから。

[3]、情けは「推し」のためならず、自分の幸福のためなのです。時に行きすぎた「推し活」からふと我に返り、なんの見返りもないのに②ムダなことをした……とむなしくなったり、自己嫌悪(けんお)に陥るようなことがあるかもしれません。そんな時はぜひ、いやそんなことはない、D私は人間としての幸福を享受していたんだ!と思いなおしてみてください。

――『「推し」の科学　プロジェクション・サイエンスとは何か』久保（川合）南海子　より――

集英社　刊

問一　――線A「人間が群れで生活する生き物だった」とありますが、なぜ「群れで生活」していたのですか。答えなさい。

問二　――線B「これ」とありますが、どのようなことを指していますか。答えなさい。

ヒトが進化の過程で獲得した、人間本来の性質であるといえるのです。

人間に備わっている、わかちあう／分け与えるという動機づけは、ヒトが大きな集団を形成してそれを維持していくためには不可欠のものです。なぜなら、それが協力の原動力になっているからです。ヒトの社会は複雑で巨大ですから、協力はなにより必須です。

集団で暮らす社会を維持するうえで重要なのが「互恵性」です。互恵性とは、自分が他者になにかしてあげたら、今度はその人からなにかをしてもらうことです。これは、先に他者からなにかをしてもらったら、という逆もしかりです。

ヒト以外の霊長類も、自分と他個体との関係が互恵的であるかについては敏感です。ニホンザルが群れでのんびりしている時、毛づくろいをしてあげている光景を見たことがある人も多いでしょう。あれはするだけの一方的なものではなく、次は自分がしてもらうことを期待しています。

しかし、人間のばあいは必ずしも、相手から直接的なお返しがなくてもかまわないのです。献血や寄付行為などがそれにあたります。ことわざにもあるように、C情けは人のためならず、なのです。献血や寄付が成り立つのも、ヒトにはもともと他者を援助しようとする動機づけがあり、他者に分け与えることが自分にとっての喜びになるという仕組みが働いているからです。

それを実験でたしかめた研究があります。社会心理学のエリザベス・ダン先生らは、実験参加者に二〇ドルを渡してその日のうちに使い切るように伝えました。ただし、参加者たちの半分には自分のために使うように指示し、残り半分には他人のために使うように指示しました。同じことを、五ドルを渡す条件でもおこないました。すると、どちらの金額でも、［ 1 ］のために使った参加者よりも［ 2 ］のために使った参加者のほうが、一日を通じての幸福感が高かったことがわかりました。

また、米国ギャラップ社は、世界一三六カ国で、お金を寄付することによる幸福感について調査しました。その結果、もっとも貧しい国を含む一二〇もの国で、他者にお金を寄付すると幸福感が高まることがわかりました。この結果から、自分の経済状況や寄付をする習慣などには関係なく、他者に与えるということそのものに幸せを感じるということがわかります。

は幸福です。そして、平和な群れはさらに発展していくことになります。より大きな集団となり、より大きな獲物や作物を獲得することができます。その獲物や作物をまたうまくわかちあう／分け与えることができたなら、人々にはより大きな幸福がもたらされます。

人類がたどってきた長い進化の過程で、わかちあう／分け与えるという行動は、集団で生きる人間に結果として幸福をもたらしてきました。すると、独り占めをするような人は排除され、わかちあう／分け与えることを幸せだと感じる人が集団のなかで生き残り、そのように感じる人同士が子孫を残します。するとまたそのように感じる人が生き残り……という連綿とした営みが、いまの私たちに受け継がれています。

現在、私たちは日常的に狩りもしないし、群れで生活しているわけでもありません。ものは満ちあふれていて、かぎられたものをみんなで分けあわなければならないこともありません。そこで、私たちのわかちあう／分け与えることの動機づけは、ひとつの例として、ペットに向けられているのです。ともに生活するうえで、世話をして育てるという行動は、自分の時間や労力、お金などの資源をわかちあう／分け与えることにほかなりません。

私の子どもは自分がまだミルクを飲んでいるような幼い時に、赤ちゃんのミルク飲み人形を抱えてその世話をするような遊びをしていました。私は子どもの哺乳瓶（ほにゅうびん）と人形の小さな哺乳瓶をまとめて片づけながら、赤ちゃんのような子どもが赤ちゃん人形の世話をするなんて、とてもおかしくて笑ってしまいました。けれど、そんなに小さくても他者の世話をすることが楽しいからこそ、それが遊びにもなるのです。

「推し」に関するあなたの行動をあらためて考えてみましょう。あらゆる活動において、あなたはあなたの時間や労力、お金などの資源を「推し」に分け与えていることに気がつくでしょう。けれど、あなたがあなたの資源を削り、「推し」に分け与えていることは苦痛でしょうか？　いいえ、決してそうではないはずです。それはあなたを幸せな気持ちにしていることでしょう。

わかちあう／分け与えることは人間にとって楽しみなのであり、それが自分の好きな対象へならなおさらです。さまざまな「推し活」は、「分け与えたい」という人間が持っている本来の性質が「推し」に向けられているということです。そうであれば、「推し」を応援して成長を楽しんだり、「育成ゲーム」にハマったりするのも、まさにヒトの本性にもとづいた活動だといえます。わかちあう／分け与えることの延長として、世話をして育てることで幸福になるというのは、

二〇二四年度 女子美術大学付属高等学校

【国語】（五〇分）〈満点：一〇〇点〉

一 次の文章を読んで、後の問いに答えなさい。

認知科学の川合伸幸（かわいのぶゆき）先生は著書『ヒトの本性 なぜ殺し、なぜ助け合うのか』で、ヒトが凶暴で攻撃的な生き物であるという決定的な①ショウコはなく、本来はたがいに助けあい共感しあう生き物であるという考え方のほうが、多くの実験結果に合致していると指摘します。ここでは、わかちあいからつながる「世話すること」について考えてみましょう。

世話をして育てる対象として、たとえばペットがあります。現在の日本には、実に多くのペットがいます。二〇一八年のペットフード協会の推計によると、約八九〇万頭のイヌと約九六五万頭のネコがペットとして飼われています。その数は日本の小学生の約三倍です。とても多くの人がペットを世話して育てているのです。では、どうして人間はペットを世話して育てるのでしょうか？

先ほどの川合先生によれば、それはA人間が群れで生活する生き物だったことに由来しています。人類は旧石器時代から、狩りをするために群れで暮らしていました。多くの人数で協力すれば、大きな獲物もつかまえることができるからです。その時、もし獲物を独り占めしようとする人がいたら、当然ケンカになって群れの和が乱れます。群れを平和に維持するために、人間は獲物を平等に分けあって生きてきました。

認知発達心理学のアリシア・メリス先生とマイケル・トマセロ先生によれば、チンパンジーを対象にした実験で、二頭一組で遠くの食べ物を引き寄せる、という課題では二頭はうまく協力しました。しかし、二頭のあいだに食べ物を置いて、うまく分配をしなければならない状況では、チンパンジーはほとんど協力をすることができませんでした。同じような実験を人間の子どもでやってみたところ、ふたりはケンカすることもなく、食べ物はうまく分配されました。Bこれは、ヒトが資源の分配に関して、かなり寛容であることを示しています。

群れにおいて分配、すなわち「わかちあう」「分け与える」ということがスムーズになされれば、群れは平和で人々

英語解答

1
1 ア
2 彼はたった一度聴いただけでその音楽を覚えてしまった。
3 2番目…イ　4番目…オ
4 イ　5 ア　6 イ
7 his hair　8 fell　9 エ
10 高価な服や家具にお金を使ってしまったから。
11 エ　12 ウ　13 fastest of
14 symphonies　15 C
16 5　17 エ，オ

2
1 Why　2 Be　3 date
4 turn　5 been

3
1 ウ　2 ウ　3 ア　4 エ
5 エ

4
1 Which, like　2 Shall we
3 belong to　4 where to
5 do you

5
1 イ　2 ウ　3 イ　4 ア
5 イ

6
1 held　2 easiest
3 were〔was〕　4 wearing
5 knives

7
1 This mountain was covered with snow
2 hard, and you will pass the exam
3 to be〔become〕, painter
4 Is, taking, bath
5 Miyuki is interested in studying Japanese culture.
6 It took nine months to make the movie.

1〔長文読解総合―伝記〕

≪全訳≫❶ヴォルフガング・アマデウス・モーツァルトは音楽の天才だった。彼は1756年にオーストリアのザルツブルクで生まれた。彼の父，レオポルトは音楽家だった。彼はヴォルフガングと姉のマリーア・アンナに楽器の演奏を教えた。ヴォルフガングはわずか3歳のときにピアノを弾き始めた。ある日，レオポルトと数名の音楽家はある曲を演奏していた。ヴォルフガングは彼らの演奏を聴いていた。彼らが演奏し終わると，ヴォルフガングは自分が聴いたとおり正確にヴァイオリンのパートを演奏し始めた。彼はたった一度聴いただけで，その音楽を覚えてしまったのだ。まもなく，レオポルトは息子に音楽を教えるのは不可能だと悟ったが，それはヴォルフガングにはほぼ全てのことがすでにわかっていたからである。❷ヴォルフガングが初めてのピアノ曲を作曲したのは，彼が5歳のときだった。6歳のときには，すでに家族のためにお金を稼いでいた。彼は王や女王，その他の要人のために演奏した。彼らはヴォルフガングの演奏を聴くために多額のお金を払った。彼は8歳のときに初めての交響曲を，そして11歳のときに初めてのオペラを作曲した。人々は彼を「神童」と呼んだ。ヴォルフガングは注目されるのが好きだった。❸モーツァルトは子どもの頃はかわいらしかった。赤いほっぺたと，輝く青い目をしていた。だが，成長するにつれ，彼は美男子ではなくなった。彼は小柄な男性で，頭が大きく，肌が青白かった。彼は常に自分の容姿を気に病んでいた。彼は優雅な衣装を着るのを好んだ。また，髪の毛を念入りに手入れしていたが，それは髪が自分の最も優れた特徴だと思っていたからである。❹モーツァルトは下宿先の女主人の娘に恋をした。彼女は彼を好きになってくれなかったので，その妹のコンスタンツェと結婚した。コンスタンツェは彼女の夫と非常によく似たところがあった。彼女は音楽を好み，楽しむことが大好きだった。不幸にも，モーツァルト夫妻は金銭問題を抱えていた。ヴォルフガングはお金をたくさん稼いだが，いつも借金を抱えていた。お金を手に入れると，彼はたいていそれを高価な服や家具に使ってしまった。ある話によると，かつてモーツァルトは家を暖かくするためのお金がなかったとき，妻とダンスをして体を温めていたそうだ。**5**モーツァルトは大変働き者だった。彼は家の中が静かなときに仕事をするのを好んだ。c彼は夕方6時に仕事を始め，一晩中仕事をした。彼は立ったまま作曲するのが好きだった。一晩に4時間しか眠らないこともよくあった。また，彼は仕事が非常に速かった。彼は最高傑作のうち3つをたった6週間で作曲した。また，あるオペラ全曲をほんの2，3週間で書き上げた。モーツァルトは歴史上ほかのどの作曲家よりも作曲するのが速かったと考えている人が多い。また，モーツァルトはあらゆる種類の音楽を作曲する能力を持っていた。彼はオペラ，交響曲，教会音楽を作曲した。そして，あらゆる楽器のための音楽を書いた。時計のための音楽まで書いたのだ。合計すると，モーツァルトは600曲を超える音楽作品を作曲した。

1 **<用法選択>**①の to不定詞は「～すること」という意味の名詞的用法で，ア.「私は自分の犬と遊ぶのが好きだ」が同じ。　イ.「～するための」という意味の形容詞的用法。　「私にはゲームをするための時間がない」　ウ.「～するために」という意味で‘目的’を表す副詞的用法。「私はテニスをするために公園へ行った」　エ.「～して，したので」と‘感情の原因’を表す副詞的用法。　「私はピアノを弾けて幸せだった」

2 **<英文和訳>**He remembered the music は「彼はその音楽を覚えた」。after は「～の後で」。後ろの hearing は動名詞(～ing)で，hearing it は「それを聴くこと」という意味。just はここでは「たった，ほんの」という意味で，後ろの once「一度」を強調している。以上をまとめると，「彼はたった一度聴いただけでその音楽を覚えた」という意味になる。

3 **<整序結合>**‘It is ～ to …’「…することは～だ」の形を過去形で用いる。it was の後に‘～’として impossible「不可能だ」を置く。‘…’の部分は‘teach＋人＋物’「〈人〉に〈物〉を教える」の形にする。teach の後，‘人’は his son「彼の息子」，‘物’は music「音楽」とする。　... it was impossible to teach his son music ...

4 **<語句解釈>**wonder は「不思議な，驚くべき」という意味。非常に幼い頃から音楽作品を次々に作曲しているモーツァルトに対する人々の評価なので，ここでは天才的な才能を持つという意味だとわかる。

5 **<語句解釈>**attention は「注意，注目」といった意味。モーツァルトは幼い頃から作曲の才能で注目され，王侯貴族の前で演奏し，人々の話題となっていたことから，注目を浴びるのが好きだったと考えられる。

6 **<適語選択>**幼い頃は見た目がかわいらしかったモーツァルトが，成長するにつれて美男子ではなくなったとあり，その後に彼の外見上の特徴が挙げられていることから，彼は自分の looks「容姿，見た目」に悩んでいたと考えられる。

7 **<指示語>**モーツァルトが髪の毛を念入りに手入れしていたのは，それが自分の最も優れた特徴だと考えていたからだとある。つまり，彼が自分の最も優れた特徴だと考えていた「それ」とは，his hair「彼の髪の毛」である。

8 **<語形変化>**この文章は18世紀という過去の事柄について述べたもので，前後の文は過去形で書かれているので，これらに合わせる。　fall－fell－fallen

9 **<英文解釈>**文中に was という動詞がすでにあることから，下線部に含まれる like は「～を好む」という意味の動詞ではなく，「～のような，～に似ている」という意味の前置詞だとわかる。よって，was very much like ～ の部分は「～にとてもよく似ていた」という意味になる。husband は「夫」。

10＜文脈把握＞下線部の後に，モーツァルトはお金を手に入れると，たいていはそれを高価な服や家具に使ってしまったとある。これが，彼が借金をしていた原因だと考えられる。 ‘spend *A* on *B*’「*A*を*B*に費やす」

11＜適語句選択＞空所の前に，家を暖かくするためのお金がないときには夫婦でダンスをしたとある。ダンスをしたのは体を動かして暖まるためだと考えられるので，keep warm「暖かくしている」が適する。

12＜英文解釈＞work は「仕事をする」という意味だが，この後にモーツァルトが短期間で音楽作品を書き上げたことが述べられているので，ここでの work は作曲することだと判断できる。

13＜書き換え―適語補充＞「モーツァルトは歴史上ほかのどの作曲家よりも速く作曲した」→「モーツァルトは歴史上全ての作曲家の中で最も速く作曲した」 上は‘比較級＋than any other＋単数名詞’「ほかのどんな～よりも…」の形。これは最上級で書き換えられるので，1つ目の(　　)には fast の最上級の fastest が当てはまる。2つ目の(　　)の後には all があり，この場合「～の中で」の意味の前置詞には of を用いる。

14＜語形変化＞‘子音字＋y’で終わる単語を複数形にするときは，y を i に変えて es をつけるのが原則なので，symphony の複数形は symphonies となる。

15＜適所選択＞補う文は，「彼は夕方6時に仕事を始め，一晩中仕事をした」という意味なので，モーツァルトが仕事をした時間帯や睡眠時間の短さについて述べた第5段落の空所Cに入れるのが適切である。

16＜要旨把握＞第2段落第1文参照。ヴォルフガング(モーツァルト)は5歳のときに初めてのピアノ曲を作曲した。

17＜内容真偽＞ア…× 第1段落第3文参照。父親のことしか書かれていない。 イ…× 第3段落第2文参照。緑ではなく青である。 ウ…× 第1段落第5文参照。ヴァイオリンではなくピアノである。 エ…○ 第2段落第3文と一致する。 オ…○ 第5段落第4文と一致する。

2 〔適語補充〕

1．「どうしてあなたは冬が好きなの？」―「スキーを楽しめるからだよ」∥Because「なぜなら～だから」と答えているので，‘理由’を尋ねる疑問詞の Why「なぜ」が適切。

2．be動詞の原形の Be を補い，‘Be ～’「～にしなさい」という命令文にする。 「通りを渡るときは気をつけなさい」

3．「今日は何月何日？」―「12月6日だよ」∥日付を答えているので，date「日付」を尋ねる疑問文にする。

4．角を左に曲がるように指示している部分なので，「曲がる」の意味の動詞として turn を補う。命令文なので原形のまま補う。 「この通りをまっすぐ行って，2番目の角を左に曲がりなさい」

5．has と ～ing があるので，been を補って‘have/has been＋～ing’の現在完了進行形にする。「ホワイト先生は20年間ずっと英語を教え続けている」

3 〔対話文完成―適文選択〕

1．A：具合が悪かったんだってね。もうよくなったの？／B：今はもう元気だよ。∥体調は回復したかという質問に対する答えなので，今は元気だというウが適する。

2．A：サンドイッチの具は何がよろしいですか？／B：ベーコン，レタス，トマト，タマネギをお願いします。∥食材の名前を挙げて，それをお願いしますと頼んでいるので，ここではサンドイッチの具の好みを尋ねるウが適する。

3．A：あなたのお兄さん〔弟さん〕は何をしているの？／B：彼は警察官なんだ。∥兄弟が何をしている人なのかを現在形で尋ねた文なので，その人の職業を現在形で答えているアが適する。What do you do？は相手の職業を尋ねる表現。

4．A：あなたの好きなお話は何？／B：私はピーターパンのお話が大好き。あの話を読むと幸せな気持ちになるんだ。∥好きな物語は何かと尋ねられているので，具体的な物語のタイトルを挙げているエが適する。

5．A：あなたはどうやって学校に来てるの？／B：私は毎日歩いて登校してるよ。∥学校に来る方法を尋ねられているので，徒歩という交通手段を答えるエが適する。

4〔書き換え―適語補充〕

1．「あなたの好きな歌手は誰ですか」→「あなたはどの歌手が好きですか」 favorite は「好きな，お気に入りの」。「好きな歌手は誰か」という問いは「どの歌手が好きか」と言い換えられるので，1つ目の(　　)には「どの」の意味の疑問詞として Which を補う。2つ目の(　　)には「～が好き，～を好む」の意味の動詞として like を補う。

2．「テニスをしよう」→「テニスをしませんか」 Let's ～.「～しよう」は Shall we ～？「～しませんか」で書き換えられる。

3．「私は町のサッカークラブのメンバーだ」→「私は町のサッカークラブに所属している」 「～のメンバー〔一員〕である」は belong to ～「～に所属している」でも表せる。

4．「私は助けを求めるにはどこへ行くべきかわかっている」 「どこへ行くべきか」は，'疑問詞＋to ～'の形を使って where to go と表せる。

5．「あなたのクラスには生徒が何人いますか」 'There is/are ～'「～がいる〔ある〕」の疑問文を，have「～を持っている」を用いて書き換える。「あなたのクラス」について尋ねているので主語は you にして，do you have ～と一般動詞の疑問文の形にする。

5〔適語選択・語形変化〕

1．try on ～「～を試着する」 「このセーターを試着してもいいですか」

2．yesterday「昨日」という過去の内容なので，過去形にする。 run－ran－run 「彼は昨日10キロ走った」

3．half an hour で「30分」を表せる。 「私のおばは毎朝30分間ヨガをしている」

4．この if は「もし～なら」という'条件'を表す。原則として，'時'や'条件'を表すまとまりの中では，未来のことも現在形で表す。主語は she という単数名詞なので，動詞には3人称単数現在の s がつく。 「もし彼女が私に電話をくれたら，とてもうれしいな」

5．一般動詞の現在形の疑問文なので，'Do/Does＋主語＋動詞の原形…?'の形にする。主語は your mother という単数名詞なので，Does を用いる。 「あなたのお母さんには何か趣味はありますか」

6〔語形変化〕

1．two weeks ago「２週間前」という過去の内容なので，過去形にする。　hold－held－held「私たちの市は２週間前に芸術祭を開催した」

2．直前に the があり，「これまでに受けた中で最も簡単なテスト」という意味だと考えられるので，最上級にする。　easy－easier－easiest　「これは私がこれまでに受けた中で最も簡単なテストだ」

3．'I wish＋主語＋動詞の過去形...'「～ならいいのに」という仮定法過去の文。仮定法過去で be動詞を用いる場合，一般的には主語が単数名詞でも was ではなく were を使う。　「私がお金持ちならいいのにな」

4．Jun is the boy.「ジュンは少年だ」が文の骨組みで，(　　) a blue cap は boy を修飾する部分。ここでは wear「身につける」を現在分詞(～ing)の形容詞用法で使い，「青い帽子をかぶっている少年」とする。　「ジュンは青い帽子をかぶっている少年だ」

5．folks「フォーク」が複数形なので，これに合わせてナイフも複数形にする。knife の複数形は knives。　「私は夕食のためにフォークとナイフをテーブルに置いた」

7〔和文英訳―整序結合・部分記述・完全記述〕

1．主語は This mountain「この山」で，動詞の「覆われていました」は cover「覆う」を 'be＋過去分詞' の受け身形にして was covered と表す。be covered with ～ で「～で覆われている」。with の後には snow を置く。

2．'命令文, and ～'「…しなさい，そうすれば～」の形にする。「一生懸命勉強しなさい」は Study hard, で，この後に and を置く。'～' の部分には主語を you，動詞は will を助動詞として用いて will pass とし，目的語として the exam「試験」を続ける。

3．「～になること」は，ここでは「～すること」を意味する名詞的用法の to不定詞を用いて to be〔become〕～ と表す。「画家」は，ここでは冠詞の a があるので母音で始まる artist を使うことはできない。母音以外で始まり「画家」を表す painter を用いればよい。

4．「お風呂に入る」は take a bath。「今～していますか」とあるので，'be＋～ing' の現在進行形を疑問文にする。主語は Kenta という単数名詞なので，be動詞には is を用いる。

5．主語は「ミユキ」Miyuki で，「～することに興味があります」は be interested in ～ing で表せる。主語が単数名詞なので，be動詞は is。「日本の文化」は the Japanese culture。

6．'It takes＋時間＋to ～'「～するのに…(時間が)かかる」の形にする。It takes で始め，'時間' は nine months「９ヶ月」，'～' に当たる「その映画を作る」は make the movie とする。

数学解答

1 (1) 40　(2) $-\frac{16}{27}y$　(3) $\frac{4\sqrt{6}}{3}$

(4) $\frac{8x-y}{35}$　(5) $a=\frac{2S}{h}-b$

(6) $4(x-5)^2$　(7) $x=2,\ 3$

(8) 108°　(9) (b), (c)　(10) $\frac{4}{5}$

(11) $\frac{48}{5}\pi$

2 (1) ㋐…3　㋑…16　㋒…0.8　㋓…22
㋔…500

(2) 250円

3 (1) $\frac{1}{3}$　(2) $y=\frac{2}{3}x+1$

(3) $\left(1,\ \frac{1}{3}\right)$　(4) $\frac{1}{12}$　(5) 24倍

4 (1) (例)△ACDと△BCEにおいて，線分ACが円Oの直径より，∠ADC＝90°……①　仮定より，∠BEC＝90°……②　①，②より，∠ADC＝∠BEC……③　$\overset{\frown}{\mathrm{CD}}$に対する円周角より，∠DAC＝∠EBC……④　③，④より，2組の角がそれぞれ等しいから，△ACD∽△BCE

(2) 2：1

1〔独立小問集合題〕

(1)<数の計算>$-7^2=-7\times7=-49$，$(-5)^2=(-5)\times(-5)=25$，$(-4)^3=(-4)\times(-4)\times(-4)=-64$より，与式$=-49+25-(-64)=-49+25+64=40$となる。

(2)<式の計算>$\left(-\frac{2}{3}xy^2\right)^2=\left(-\frac{2}{3}xy^2\right)\times\left(-\frac{2}{3}xy^2\right)=\frac{4}{9}x^2y^4$より，与式$=\frac{4}{9}x^2y^4\div\left(-\frac{3}{4}x^2y^3\right)=\frac{4x^2y^4}{9}\times\left(-\frac{4}{3x^2y^3}\right)=-\frac{4x^2y^4\times4}{9\times3x^2y^3}=-\frac{16}{27}y$となる。

(3)<数の計算>$\frac{18\sqrt{2}}{\sqrt{12}}=\frac{18}{\sqrt{6}}=\frac{18\times\sqrt{6}}{\sqrt{6}\times\sqrt{6}}=\frac{18\sqrt{6}}{6}=3\sqrt{6}$，$\sqrt{24}=\sqrt{2^2\times6}=2\sqrt{6}$，$\frac{6}{\sqrt{54}}=\frac{6}{\sqrt{3^2\times6}}=\frac{6}{3\sqrt{6}}=\frac{2}{\sqrt{6}}=\frac{2\times\sqrt{6}}{\sqrt{6}\times\sqrt{6}}=\frac{2\sqrt{6}}{6}=\frac{\sqrt{6}}{3}$より，与式$=3\sqrt{6}-2\sqrt{6}+\frac{\sqrt{6}}{3}=\frac{9\sqrt{6}}{3}-\frac{6\sqrt{6}}{3}+\frac{\sqrt{6}}{3}=\frac{4\sqrt{6}}{3}$となる。

(4)<式の計算>与式$=\frac{7(3x-y)-5(x-y)}{70}=\frac{21x-7y-5x+5y}{70}=\frac{16x-2y}{70}=\frac{8x-y}{35}$

(5)<等式変形>左辺と右辺を入れかえて，$\frac{(a+b)h}{2}=S$，両辺を2倍して，$(a+b)h=2S$，両辺をhでわって，$a+b=\frac{2S}{h}$，bを右辺に移項して，$a=\frac{2S}{h}-b$となる。

(6)<式の計算―因数分解>与式$=4(x^2-10x+25)=4(x-5)^2$

(7)<二次方程式>$x^2-7x+10+2=2(x^2-6x+9)$，$x^2-7x+12=2x^2-12x+18$，$-x^2+5x-6=0$，$x^2-5x+6=0$，$(x-2)(x-3)=0$　$\therefore x=2,\ 3$

(8)<平面図形―角度>右図1で，円の中心をO，PRとQSの交点をAとし，点Oと点Q，点Pと点Sを結ぶ。1つの円で，中心角の大きさは弧の長さに比例するので，$\overset{\frown}{\mathrm{PQ}}$の長さが円Oの周の長さの$\frac{2}{2+3+4+1}=\frac{1}{5}$より，∠POQ$=360°\times\frac{1}{5}=72°$である。$\overset{\frown}{\mathrm{PQ}}$に対する円周角と中心角の関係より，∠PSA$=\frac{1}{2}$∠POQ$=\frac{1}{2}\times72°=36°$となる。また，円周角の大きさも弧の長さに比例するので，$\overset{\frown}{\mathrm{PQ}}:\overset{\frown}{\mathrm{RS}}=2:4=1:2$より，∠PSA：∠APS＝1：2だから，∠APS＝2∠PSA

図1

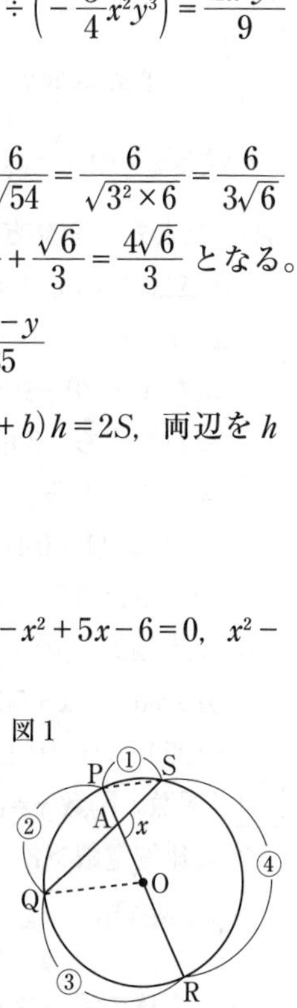

$=2\times36^\circ=72^\circ$ となる。よって，△PSA で内角と外角の関係より，$\angle x=\angle\mathrm{SAR}=\angle\mathrm{PSA}+\angle\mathrm{APS}=36^\circ+72^\circ=108^\circ$ である。

(9)<**正誤問題**>(a)…誤。4つの辺の長さが等しい四角形にはひし形もある。　(b)…正。$\sqrt{4}<\sqrt{7}<\sqrt{9}$ より，$2<\sqrt{7}<3$ だから，$\sqrt{7}$ の整数部分は2である。　(c)…正。　(d)…誤。有理数が0のとき，有理数と無理数の積は0となり，有理数となる。　(e)…誤。相似比が2：3である2つの立体の体積比は，$2^3:3^3=8:27$ である。

(10)<**確率―カード**>5枚のカードから2枚のカードを取り出すとき，取り出し方は，0と1，0と2，0と3，0と4，1と2，1と3，1と4，2と3，2と4，3と4の10通りあり，このうち，2つの数字の積が6以下となるのは，下線をつけた8通りある。よって，求める確率は $\frac{8}{10}=\frac{4}{5}$ である。

(11)<**空間図形―体積**>右図2のように，3点A，B，Cを定め，点Bから直線 l に垂線BDを引く。△ABC を直線 l を軸として1回転させてできる回転体は，底面の半径がBD，高さがADの円錐と，底面の半径がBD，高さがCDの円錐を合わせた立体である。$\angle\mathrm{ABC}=90^\circ$ だから，△ABC で三平方の定理より，$\mathrm{AC}=\sqrt{\mathrm{AB}^2+\mathrm{BC}^2}=\sqrt{4^2+3^2}=\sqrt{25}=5$ となる。また，$\triangle\mathrm{ABC}=\frac{1}{2}\times\mathrm{AB}\times\mathrm{BC}=\frac{1}{2}\times4\times3=6$ である。よって，△ABC の面積について，$\frac{1}{2}\times\mathrm{AC}\times\mathrm{BD}=6$ より，$\frac{1}{2}\times5\times\mathrm{BD}=6$ が成り立ち，$\mathrm{BD}=\frac{12}{5}$ となる。したがって，求める回転体の体積は，$\frac{1}{3}\times\pi\times\mathrm{BD}^2\times\mathrm{AD}+\frac{1}{3}\times\pi\times\mathrm{BD}^2\times\mathrm{CD}=\frac{1}{3}\times\pi\times\mathrm{BD}^2\times(\mathrm{AD}+\mathrm{CD})=\frac{1}{3}\times\pi\times\mathrm{BD}^2\times\mathrm{AC}=\frac{1}{3}\times\pi\times\left(\frac{12}{5}\right)^2\times5=\frac{48}{5}\pi$ である。

図2

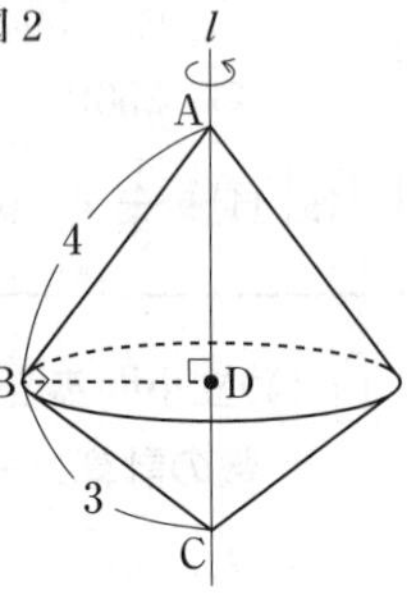

2 〔**数と式―連立方程式の応用**〕

(1)<**立式**>商品A1個の定価 x 円と商品B1個の定価 y 円の比が1：3であるから，$x:y=1:3$，$y\times1=x\times3$，$y=3x$……①が成り立つ。また，商品Aは，46個のうち，30個までが1個 x 円，30個を超えた $46-30=16$(個)が，定価の1割引きなので，1個 $x\times(1-0.1)=0.9x$(円)となる。商品Bは，82個のうち，30個までが1個 y 円，30個を超えて60個までの $60-30=30$(個)が，定価の2割引きなので，1個 $y\times(1-0.2)=0.8y$(円)，60個を超えた $82-60=22$(個)が，定価の4割引きなので，1個 $y\times(1-0.4)=0.6y$(円)となる。62000円で買っておつりが500円だったから，$30x+16\times0.9x+30y+30\times0.8y+22\times0.6y=62000-500$……②が成り立つ。

(2)<**定価**>(1)の②より，$30x+14.4x+30y+24y+13.2y=61500$，$44.4x+67.2y=61500$，$444x+672y=615000$，$37x+56y=51250$……②′となる。①を②′に代入すると，$37x+56\times3x=51250$，$205x=51250$，$x=250$ となるので，商品Aの1個の定価は250円である。

3 〔**関数―関数 $y=ax^2$ と一次関数のグラフ**〕

(1)<**比例定数**>次ページの図で，放物線 $y=ax^2$ はA(3，3)を通るので，$x=3$，$y=3$ を代入して，$3=a\times3^2$ より，$a=\frac{1}{3}$ である。

(2)<**直線の式**>次ページの図で，(1)より，点Bは放物線 $y=\frac{1}{3}x^2$ 上の点となる。x 座標が -1 だから，$y=\frac{1}{3}\times(-1)^2=\frac{1}{3}$ となり，$\mathrm{B}\left(-1,\ \frac{1}{3}\right)$ である。A(3，3)だから，直線ABの傾きは，$\left(3-\frac{1}{3}\right)\div\{3$

$-(-1)\}=\frac{8}{3}\div4=\frac{2}{3}$であり，その式は$y=\frac{2}{3}x+b$とおける。点Aを通るので，$3=\frac{2}{3}\times3+b$，$b=1$となり，直線ABの式は$y=\frac{2}{3}x+1$である。

(3)<**座標**>右図で，点Mは線分ABの中点であり，2点A，Bのx座標はそれぞれ3，-1だから，点Mのx座標は，$\frac{3+(-1)}{2}=1$である。これより，点Cのx座標も1となる。点Cは放物線$y=\frac{1}{3}x^2$上にあるので，$y=\frac{1}{3}\times1^2=\frac{1}{3}$となり，$C\left(1,\ \frac{1}{3}\right)$である。

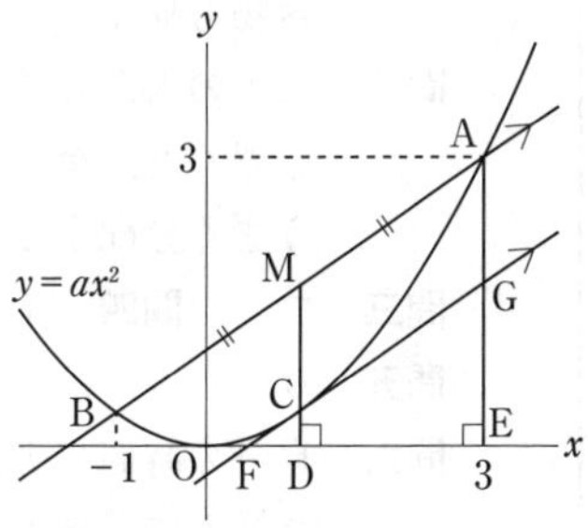

(4)<**面積**>右図で，AB∥CFであり，(2)より，直線ABの傾きは$\frac{2}{3}$だから，直線CFの傾きも$\frac{2}{3}$となる。直線CFの式を$y=\frac{2}{3}x+b'$とおくと，$C\left(1,\ \frac{1}{3}\right)$を通るので，$\frac{1}{3}=\frac{2}{3}\times1+b'$，$b'=-\frac{1}{3}$となり，直線CFの式は$y=\frac{2}{3}x-\frac{1}{3}$である。点Fは直線$y=\frac{2}{3}x-\frac{1}{3}$と$x$軸の交点だから，$y=0$を代入して，$0=\frac{2}{3}x-\frac{1}{3}$，$-\frac{2}{3}x=-\frac{1}{3}$，$x=\frac{1}{2}$より，$F\left(\frac{1}{2},\ 0\right)$となる。よって，2点C，Fの座標より，$DF=1-\frac{1}{2}=\frac{1}{2}$，$CD=\frac{1}{3}$となり，$\triangle CFD=\frac{1}{2}\times DF\times CD=\frac{1}{2}\times\frac{1}{2}\times\frac{1}{3}=\frac{1}{12}$である。

(5)<**面積比**>右上図で，点Gは直線$y=\frac{2}{3}x-\frac{1}{3}$上にあり，$x$座標が3だから，$y$座標が$y=\frac{2}{3}\times3-\frac{1}{3}=\frac{5}{3}$より，$GE=\frac{5}{3}$となる。また，$ED=3-1=2$である。よって，〔台形CDEG〕$=\frac{1}{2}\times(CD+GE)\times ED=\frac{1}{2}\times\left(\frac{1}{3}+\frac{5}{3}\right)\times2=2$となる。(4)より，$\triangle CFD=\frac{1}{12}$なので，$2\div\frac{1}{12}=24$より，台形CDEGの面積は△CFDの面積の24倍である。

4 〔平面図形―円と三角形〕

(1)<**証明**>右図の△ACDと△BCEで，$\overset{\frown}{CD}$に対する円周角より，∠DAC＝∠EBCだから，あと1組の角が等しいことを示せば，△ACD∽△BCEがいえる。線分ACが円Oの直径より，∠ADC＝90°であり，∠BEC＝90°である。解答参照。

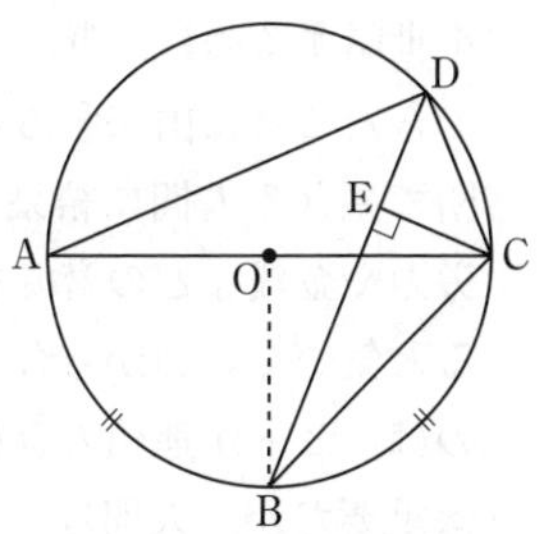

(2)<**面積比**>右図のように，点Oと点Bを結ぶと，点Bが$\overset{\frown}{AC}$の中点であることより，$\overset{\frown}{AB}=\overset{\frown}{BC}$だから，$\angle AOB=\angle BOC=180^\circ\times\frac{1}{2}=90^\circ$である。$\overset{\frown}{BC}$に対する円周角と中心角の関係より，$\angle EDC=\frac{1}{2}\angle BOC=\frac{1}{2}\times90^\circ=45^\circ$となる。∠DEC＝90°だから，△DECは直角二等辺三角形であり，$DC:EC=\sqrt{2}:1$となる。(1)より，△ACD∽△BCEであり，相似比が$DC:EC=\sqrt{2}:1$だから，面積の比は$\triangle ACD:\triangle BCE=(\sqrt{2})^2:1^2=2:1$である。

国語解答

一 問一 多くの人数で協力すれば，大きな獲物も捕まえることができるから。
問二 二人の人間の子どもの間に食べ物を置くと，ケンカすることなく，うまく分配すること。
問三 ア　問四 1 自分 2 他人
問五 ウ
問六 自分の時間や労力，時にお金をつぎ込んで，他人のために何かをすること。
問七 ① 証拠 ② 無駄

二 問一 目端が利く[ところ]
問二 気心の知れた友人である高村は，野球の才能があり，レギュラーになれそうであるにもかかわらず，「俺」の望んでいたポジションまでも奪っていき，才能がない「俺」はどんなに真面目に努力しても何も得ることができない，と悟ったから。
問三 イ　問四 ア，エ
問五 先輩の無茶な指導に対して文句も言わず黙々と努力していたことや，いつも一人で最後まで残って片づけや自主練をしていたところを，おかしいとも思わず，むしろ偉かったと，鬼のように怖かった谷津先輩が認めてくれたから。
問六 「俺」が部長の仕事を言い訳にして，自主練を減らし，レギュラーを目指さなくなるのを防ごうという考え。
問七 「俺だって，野球好きだ」
問八 「俺」自身が持て余している，野球に対する上手く言語化できない，言葉になる前の気持ち。
問九 ① 興奮 ② 惜 ③ ぎょうし

一〔論説文の読解─教育・心理学的分野─心理〕出典：久保(川合)南海子『「推し」の科学　プロジェクション・サイエンスとは何か』。

≪本文の概要≫認知科学の川合伸幸先生は，本来ヒトは互いに助け合い共感し合う生き物であるという考え方をすると，多くの実験結果に合致すると指摘している。川合先生によれば，人間がペットを世話するのは，群れで生活する人間が，群れを平和に維持するために獲物を平等に分け合って生きてきたことに由来するという。人間の長い進化の過程で，わかち合う／分け与えるという行動は，集団で生きる人間に結果として幸福をもたらしてきたのである。「推し」に関する行動を考えてみると，労力や金銭などの資源を「推し」に分け与えることは苦痛ではなく，むしろ幸せな気持ちになっていると気づく。わかち合う／分け与えることは，人間にとっては楽しみであり，世話をして幸福になるのは，ヒトが進化の過程で獲得した本来の性質なのである。集団で暮らす社会を維持するのに互恵性は重要だが，人間は，相手からの見返りを必要としない。なぜなら，見返りがなくても，「推し」に自分の資源をつぎ込むことは，人間としての幸福を享受することになるからである。

問一＜文章内容＞旧石器時代から人類が「群れで暮らして」いたのは，「狩りをするため」であり，「多くの人数で協力すれば，大きな獲物もつかまえること」ができたからである。

問二＜指示語＞人間の二人の子どもが，「ケンカすることもなく，食べ物はうまく分配され」たという実験結果は，「ヒトが資源の分配に関して，かなり寛容である」ことを示している。

問三＜ことわざ＞「情けは人のためならず」は，人に施した親切がいずれは自分に戻ってくる，という意味。

問四＜文章内容＞人間には「他者に分け与えることが自分にとっての喜びになるという仕組み」があ

ることが確かめられたのだから，実験では，一定の金額を「自分のために使う」ように指示された人よりも，「他人のために使う」ように指示された人の方が，「一日を通じての幸福感が高かった」という結果になったのである。

問五<接続語>「推し」に「自分の時間や労力，時にお金」をつぎ込むことが「人間としての幸せ」であり，その行為だけで「十分な見返りをもらっている」ということを，わかりやすく言い換えると，「情けは「推し」のためならず，自分の幸福のため」ということになる。

問六<文章内容>人間は，「他者に与えるということそのものに幸せを感じる」というメカニズムを生まれながらにして持っている。だから，「直接的な見返りがあるわけでは」ない「推し」に「自分の時間や労力，時にお金」をつぎ込む行為も，「人間としての幸福」を享受する行為になる。

問七<漢字>①「証拠」は，真実を明らかにするための根拠となるもの。　②「無駄」は，役に立たない余計なこと。

二〔小説の読解〕出典：青谷真未『水野瀬高校放送部の四つの声』。

問一<文章内容>「目端が利く」は，すばやく見て取って機転を利かせる，という意味。先輩たちは，「俺」が「部員たちの顔色を読んでそれとなく心身の不調」を見て取って，「さりげなく声をかける」といった点を，評価していた。

問二<文章内容>「気心の知れた友人」であり，野球の才能もある高村は，「俺」が望んでいた部長という「ポジションを奪って」いった。「真面目だけが取り柄」の「俺」は，練習を続けてもレギュラーを取れないと思ったので，野球を続ける気力が失われてしまった。

問三<文章内容>野球部を辞めて放送部に入った「俺」は，野球部の先輩たちに引け目を感じていたので，谷津先輩にも「すみません」と謝った。

問四<心情>「俺」は，「突然声をかけられ」たために驚いただけではなく(…エ)，それが「鬼のように怖かった」谷津先輩の声だという「覚え」があったので，緊張した(…ア)。

問五<文章内容>「俺」は，レギュラーにも部長にもなれずに野球部を辞めてしまったが，「俺」が厳しい指導にも「文句も言わずに黙々と努力」していたことや，一人で「片づけ」をした後に「バットを振り続け」ていたことを，「鬼のように怖かった谷津先輩が認めてくれた」ので，「俺」は，今までの努力が報われたような気がした。

問六<文章内容>高村が「俺」をさし置いて部長に立候補したのは，もし「俺」が部長になったら，「もう絶対レギュラー目指さない」と思うようになったり，「部長の仕事をまっとうする」ことを言い訳にして「自主練」を減らしたりするかもしれないと心配したからである。

問七<文章内容>「俺」は，「ヒットを打った瞬間スタンドから沸き上がる歓声」や「高揚感」などを思い出したが，「とっさにその事実を否定」し，「野球になんてもう未練はない」し，「それほど野球が好きだったわけでもない」と思おうとした。しかし，自分の気持ちのを偽りを訂正するのに「もう遅い」などということはないと思い直し，高村に対して「俺だって，野球好きだ」と本心を言った。

問八<文章内容>「俺」にとって「右手を握って振りかぶる」動作は，「考えたくもないことを頭の外に放り出す」ためのものであったはずだが，思い返してみると，握っているのは「嫌な気持ち」だけではなかった。高村に向かって振りかぶった今，「俺」は，「上手く言語化できない，言葉になる前」の「持て余す気持ち」を，かつての仲間に受け止めてほしいと思った。

問九<漢字>①「興奮」は，感情が高ぶること。　②音読みは，「愛惜」などの「セキ」。　③「凝視」は，じっと見つめること。

Memo

2023年度 女子美術大学付属高等学校

【英　語】（50分）〈満点：100点〉

1 次の文章を読んで、問いに答えなさい。

When Europeans came to South America in the 1600s, they took wood from the forest for houses and ships. The trees were taller（ ① ）European trees, and their wood was hard and strong. There were beautiful colors — dark reds and browns.

Before the year 1700, *furniture-makers in the US and Europe used wood from the trees in their countries. This wood wasn't very strong, so chairs and tables were ② thick and *square. [A] But in the 1700s, they found the hardwoods of the *rain forests. New furniture was suddenly thin, strong, and beautiful. Everybody wanted furniture from this beautiful new wood.

In 1754 Thomas Chippendale, a furniture-maker in London, made ③ a book with 160 pictures of his new ideas for chairs, tables, desks, beds, closets, boxes, and shelves, all from these new, hard rain forest woods. Rich customers came to him. They wanted this new furniture in their big country houses. Chippendale's book arrived in other European countries and in North America. The ④（ア new　イ Boston　ウ furniture　エ in　オ made　カ was ）and *Philadelphia with hardwoods from the rain forests of the world. [B]

But in Jamaica, in Cuba, in *the Americas, people cut down the big, old hardwood trees year after year. Two hundred years later, ⑤ the best trees were in the middle of the forests, a long way from roads and ships. [C]

So companies around the Amazon rain forest sent workers into the forest. These ⑥（man）found the big hardwood trees here and there. They cut them down and *pulled them a long way out of the forest. Then they moved ⑦ them by road or by river to the cities. But when they cut down one big tree, ⑧ they killed twenty more around it. They made a lot of money, but in places near rivers and roads the forest started（ ⑨ ）. [D]

⑩ The companies wanted more roads — and bigger roads. In the 1970s, Brazil built a lot of new roads into and around the rain forest. One of these（ ⑪ ）is 5,300 kilometers long. ⑫ It goes from *Recife, next to the *Atlantic Ocean, to the Andes in Peru. Big companies could use these new roads. They started to cut down the hardwood trees in large numbers. They pulled the trees to the roads and moved them to the cities.

This hardwood from the forest is very expensive. When companies sell it, it brings a lot of (⑬) into Brazil.

注)

furniture-maker(s)：家具職人　square：四角い　rain forest(s)：熱帯雨林

Philadelphia：フィラデルフィア（地名）　the Americas：アメリカ大陸

pull：引く　Recife：レシフェ（地名）　Atlantic Ocean：大西洋

問１　空所①に入る適切な語を答えなさい。

２　下線部②は旧式の家具の特徴を示したものですが、

ア　なぜこのような特徴だったか日本語で答えなさい。

イ　これに対して、新式の家具の特徴を示す部分を英語４語で抜き出しなさい。

３　下線部③はどのような本ですか。次の中から選び、記号で答えなさい。

ア　ヨーロッパやアメリカの木を用いて作った家具の新作案

イ　ヨーロッパやアメリカの木を用いた家具の作り方

ウ　熱帯雨林の木を用いて作った家具の新作案

エ　熱帯雨林の木を用いた家具の作り方

４　下線部④を意味がとおるように並べかえて、(　　) 内で２番目と４番目にくる語を記号で答えなさい。

The (ア new　イ Boston　ウ furniture　エ in　オ made　カ was) and Philadelphia with hardwoods from the rain forests of the world.

５　下線部⑤を日本語になおしなさい。

６　下線部⑥の man を適切な形になおしなさい。

７　下線部⑦の them が指す部分を英語４語で抜き出しなさい。

8　下線部⑧の具体的な意味を次の中から選び、記号で答えなさい。

ア　その周りを飛んでいた20羽の鳥が犠牲になった。

イ　その周りに生えていた20本の木を切り倒した。

ウ　その周りで働いていた20人の作業員が負傷した。

エ　その周りに住んでいた20頭の動物がすみかを失った。

9　空所⑨に入る適切な語句を次の中から選び、記号で答えなさい。

ア　to grow　　イ　to come　　ウ　to die　　エ　to move

10　下線部⑩の理由として適切なものを次の中から選び、記号で答えなさい。

ア　to move trees easily

イ　to stop cutting trees

ウ　to protect the forest

エ　to invite more tourists

11　空所⑪に入る適切な語を答えなさい。

12　下線部⑫が示していることを次の中から選び、記号で答えなさい。

ア　とても長い道路であること

イ　もっと長くする必要のある道路であること

ウ　幅を広くする必要のある道路であること

エ　とても細い道路であること

13　空所⑬に入る適切な語を次の中から選び、記号で答えなさい。

ア　time　　イ　wood　　ウ　water　　エ　money

14　The North American people loved these new ideas from Europe. という英文が本文から抜けていますが、これは本文中の空所A, B, C, Dのどこに入りますか。記号で答えなさい。

15 本文のタイトルとして適切なものを次の中から選び、記号で答えなさい。

ア How to protect nature

イ Everybody wants wood

ウ Adventure in rain forests

エ A great furniture-maker Thomas Chippendale

16 本文の内容と一致するものを次の中から2つ選び、記号で答えなさい。

ア 1600年代にヨーロッパ人は北アメリカの木材を用い、家や船を作った。

イ 南アメリカの木は堅くて丈夫で、色合いのよいものもあった。

ウ Thomas Chippendaleの本は特に富裕層の心をつかんだ。

エ アマゾンの熱帯雨林にはかつて多くの家具職人がいた。

オ 熱帯雨林の木材は高価なので、安価な木材の発見が必要となった。

2

次の（　）内に適切な語を入れて、英文を完成させなさい。

1 How（　）is this bag? — It is four thousand yen.

2 The second month of the year is（　）.

3 When I got home, my brother（　）listening to music.

4 I（　）like some tea, please.

5 （　）you be busy next Saturday?

3

次の各文の（　）内から適切な語を選び、記号で答えなさい。

1 Yuki was tired（ア or　イ so　ウ but）she went shopping.

2 My son had no time（ア watch　イ to watch　ウ watching）the drama on TV.

3 Please call me（ア at　イ in　ウ on）ten.

4 We are going to the party with（ア they　イ their　ウ them）.

5 I'm（ア fine　イ sorry　ウ sure）that you are right.

4 次の各組の文がほぼ同じ意味になるように、（　）内に適切な語を入れなさい。

1 Ms. Green is a good singer.
　Ms. Green (　　) (　　) very well.

2 He took the picture in Okinawa. I like it.
　I like the (　　) (　　) he took in Okinawa.

3 January 1st is my birthday.
　I (　　) (　　) on January 1st.

4 We must study math hard.
　We (　　) (　　) study math hard.

5 He made no mistakes in the exam.
　He (　　) make (　　) mistakes in the exam.

5 A：B＝C：Dの関係が成り立つように、Dに入る語を答えなさい。

	A	:	B	=	C	:	D
1	walk	:	walking		swim	:	(　　)
2	Tokyo	:	Japan		Paris	:	(　　)
3	evening	:	dinner		morning	:	(　　)
4	high	:	low		long	:	(　　)
5	I	:	my		it	:	(　　)

6 次の各文の（　　）内の語を適切な形になおしなさい。

1　The (young) student of the five won the race.

2　The boys were (excite) at the soccer game.

3　This is the book (write) by Soseki.

4　The earth (go) around the sun.

5　Do you know who (break) the window last night?

7 1と2は、日本語の意味になるように、（　　）内の語（句）を並べかえなさい。
3と4は、日本語の意味になるように、（　　）内に適切な語を入れ、英文を完成させなさい。
5と6は、英語になおしなさい。

1　彼女は毎朝コップ一杯のオレンジジュースを飲みます。
She (of / a / drinks / orange juice / glass) every morning.

2　この本はあれと同じくらい面白いと思うよ。
I think this book (that / as / one / as / is / interesting).

3　私は駅前のペットショップを訪れました。
I visited a pet shop (　　) (　　) (　　) the station.

4　もし明日晴れるなら、野球をしましょう。
(　　) play baseball (　　) (　　) is fine tomorrow.

5　私は家族と3回スペインに行ったことがあります。

6　1匹の猫が私のお父さんとお母さんの間に座りました。

【数　学】 (50分) 〈満点：100点〉

1 次の各問いに答えなさい。

(1) $(-5)^2-(-3)^2+(-2)^3$ を計算しなさい。

(2) $\left(-\frac{1}{2}xy^2\right)^3\div\frac{5}{4}x^3y^2$ を計算しなさい。

(3) $\sqrt{48}-\frac{3}{\sqrt{27}}+\frac{15}{\sqrt{75}}$ を計算しなさい。

(4) $\frac{5x+2}{5}-\frac{3x-2}{4}$ を計算しなさい。

(5) $4x-8y-3=0$ を y について解きなさい。

(6) $3x^2-30x+75$ を因数分解しなさい。

(7) $(x-3)(4x+3)=(x+3)(x-3)$ を解きなさい。

(8) 右の図において，5点A，B，C，D，Eは円Oの円周上の点で $\overset{\frown}{AB}:\overset{\frown}{BD}:\overset{\frown}{DA}=1:1:1$，$\overset{\frown}{BC}:\overset{\frown}{CD}=1:1$，$\overset{\frown}{DE}:\overset{\frown}{EA}=2:1$ です。
ADとCEの交点をFとするとき，∠AFEの大きさを求めなさい。

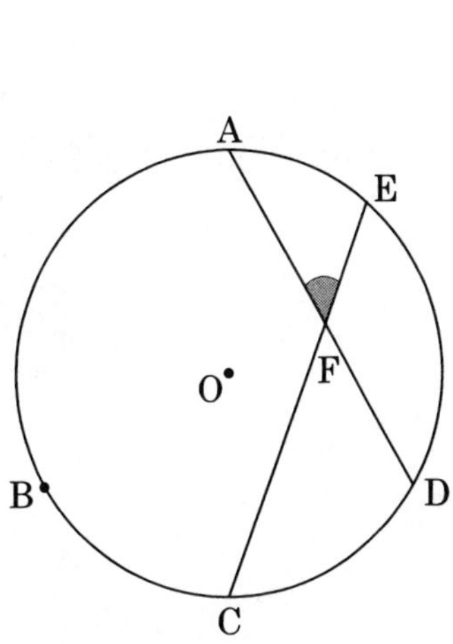

(9)　次の文章の中から正しいものをすべて選び，アルファベット順に答えなさい。

(a)　自然数から自然数を引いたときの差は，必ず自然数になる。

(b)　負の数の逆数は，負の数である。

(c)　-0.1 の絶対値は，-0.001 の絶対値より大きい。

(d)　2つの円において，半径の長さの比が $1:10$ のとき，円周の長さの比は，$1:20$ である。

(e)　立方体の1つの辺に対して，ねじれの位置にある辺の数は2本である。

(10)　赤が2枚，白が2枚の計4枚のカードがあります。カードの色が見えない状態で，まず1枚のカードを引いた後，もう1枚カードを引きます。
引いた2枚のカードの色がそろう確率を求めなさい。

(11)　次の図形を，直線 ℓ を軸として1回転させてできる回転体の体積を求めなさい。

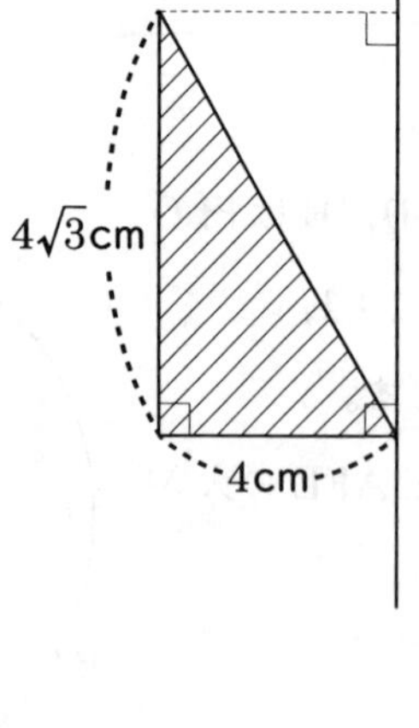

2

ある図書館で貸し出す本の予約は，窓口とインターネットのどちらかで行っています。昨年の１月の予約冊数は，窓口での予約とインターネットによる予約を合わせて 1400 冊でした。今年の１月の予約冊数は昨年の１月と比べて，窓口での予約は 20%減り，インターネットによる予約が 50%増えたので，全体で 10%増えました。このとき，次の問いに答えなさい。

(1) 昨年の１月の窓口での予約冊数を x 冊，インターネットによる予約冊数を y 冊として次のように式を立てました。空欄 ㋐，㋑，㋒，㋓ にあてはまる数を答えなさい。

$$\begin{cases} x+y=\boxed{\text{㋐}} \\ \boxed{\text{㋑}}\,x+\boxed{\text{㋒}}\,y=\boxed{\text{㋐}}\times\boxed{\text{㋓}} \end{cases}$$

(2) 今年の１月のインターネットによる予約冊数を求めなさい。

3

下の図において，放物線 $y=x^2$ 上に２点 A, B があり，点 A の x 座標は -2，点 B の x 座標は 3 とします。このとき，次の問いに答えなさい。

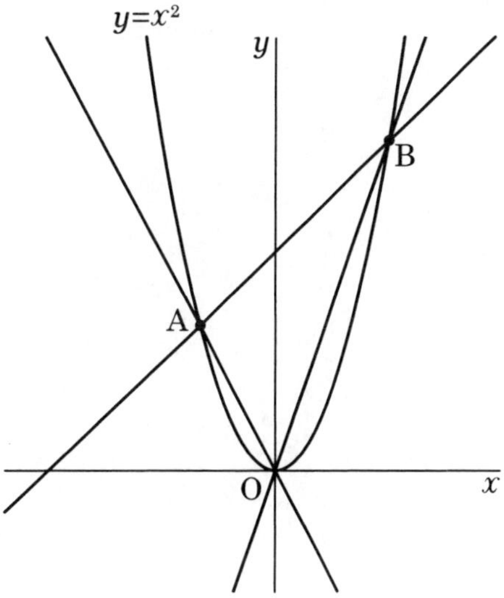

(1) △AOB の面積を求めなさい。

(2) 線分 OB の長さを求めなさい。

(3) 点 A から直線 OB に垂線を下ろしたときの交点を H とするとき，線分 AH の長さを求めなさい。

(4) 点 C を直線 AO 上の点とし，直線 BC が△AOB の面積を２等分するとき，直線 BC の式を求めなさい。

(5) (4) の直線 BC と x 軸との交点を点 D とするとき，点 D の座標を求めなさい。

4 下の図のように，円周上に5点A，B，C，D，Eがあり，$\overset{\frown}{AB} = \overset{\frown}{CD}$ です。線分CEと線分BD，ADとの交点をそれぞれF，Gとします。また，線分DE上にBD∥GHとなる点Hをとるとき，次の問いに答えなさい。

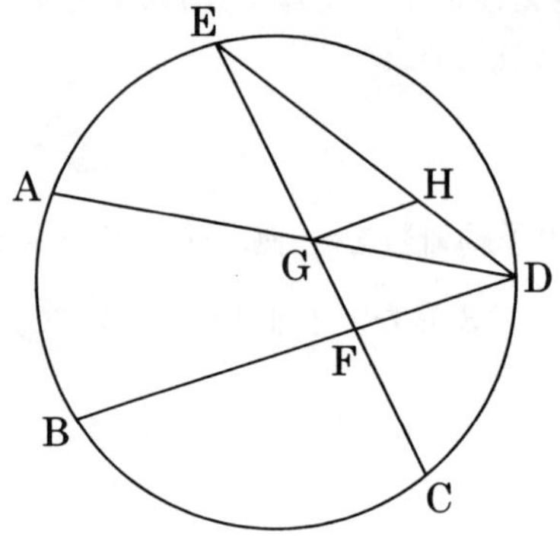

(1) △DEG∽△DGHを証明しなさい。

(2) DE = 18cm，DG = 12cmのとき，EHの長さを求めなさい。

問六　――線E「でも……どうして、トモちゃんから電話がかかってくるのを待ってるんだろう……」とありますが、「わたし」がトモちゃんに期待しているのはどのようなことだと考えられますか。答えなさい。

問七　――線F「とりあえず今日のところは『バーイ』と声だけかけてあげた」とありますが、「わたし」が声をかけるきっかけとなったトモちゃんの行動を答えなさい。

問八　――線G「わたしの頬もついゆるんでしまう」とありますが、それはなぜですか。説明しなさい。

問九　――線H「ジャクハイモノ」について、次の問いに答えなさい。

(1)「ジャクハイモノ」を漢字に直しなさい。

(2)「ジャクハイモノ」の説明として最も適切なものを次から選び、記号で答えなさい。

ア　未熟で経験が浅い人　　イ　同じ血筋である人　　ウ　立場が下である人　　エ　教えを受ける人

問十　――線①の漢字の読みをひらがなで答え、――線②のカタカナを漢字に直しなさい。

問一　――線A「ヘビがひいばあちゃんでカエルが八千代さん」とありますが、「ひいばあちゃん」と「八千代さん」のどのような様子を「ヘビ」と「カエル」にたとえているのですか。文中からそれぞれ具体的に示した一文を探し、その初めと終わりの三字を抜き出しなさい。(句読点等を含む)

問二　文中の□に入る言葉として最も適切なものを次から選び、記号で答えなさい。

ア　にこにこと　イ　ぴしゃりと　ウ　ぼそぼそと　エ　あっさりと　オ　のんびりと

問三　――線B『歩けるうちはどんどん歩かなきゃだめなんだよ』のひいばあちゃんの一言は、『お年寄りをたいせつに』の標語よりずっと重い」とありますが、「わたし」はなぜ「ずっと重い」と思ったのですか。最も適切なものを次から選び、記号で答えなさい。

ア　ひいばあちゃんが言うことには、逆らってはいけないと感じたから。
イ　ひいばあちゃんには、八千代さんを思いやる心がないと感じたから。
ウ　優しさや親切心は、時に八千代さんのためにならないこともあると感じたから。
エ　ひいばあちゃんのお説教には、あきれて言い返す気が起きないと感じたから。

問四　――線C「これも、いつものことだ」とありますが、ひいばあちゃんと八千代さんの関係を見ていて、「わたし」はどのように感じていますか。最も適切な**二文続きの箇所**を文中から探し、その初めと終わりの七字を抜き出しなさい。(句読点等を含む)

問五　――線D「ほんとうはトモちゃんって、めっちゃ意地悪なんだ」とありますが、「わたし」はトモちゃんのどのようなところを「意地悪」だと思っているのですか。説明しなさい。

「八千代さんもね、それ、わかってるのよね、ちゃんと」
「うん……」
「長ーい付き合いなんだもん、あの二人」
「H ジャクハイモノにはわからない、って？」
漢字で書けない言葉をつかってみたい気分だった、なんとなく。
「お母さん、わたしもいっしょに迎えに行っていい？」
ひいばあちゃんと八千代さんのツーショット、見てみたかった。
ぽつぽつと降りはじめた雨が車のフロントガラスを濡らすのをぼんやり見つめながら、トモちゃんとタカコちゃんの顔を交互に思い浮かべた。
友情って、むずかしい。小学生の頃にはそんなの気にしなかったのに、中学校に入ると急にややこしくなった。算数が数学に変わったみたいだ。高校に入るともっとむずかしくなって、大学生になるともっともっとむずかしくなって、オトナになったら死ぬほどむずかしくなって……で、百年ぐらいたったら、むずかしさが極限に達して、逆にめっちゃシンプルになっちゃうんだろうか。
「あんたがしっかりすればいいんだよ」と、ひいばあちゃんなら言うかもしれない。でも、わたしはたぶん八千代さんタイプなんだろうな。
お母さんがワイパーのスイッチを入れた。フロントガラスの雨粒は、ぎゅぎゅぎゅっ、というゴムの音といっしょにきれいに拭(ぬぐ)い取られた。

――『千代に八千代に』重松　清　より――
新潮文庫　刊

注　きんさん・ぎんさん……一九九〇年代、日本で多くの方に慕われた、長寿の双子姉妹のこと。

タカコちゃんは、わたしを裏切り者とは呼ばなかった。教科書を返すときには「サンキュー、今度もなにかあったらよろしくね」とガムを一枚くれた。でも、貸したお金は今日も返してくれなかった。

放課後は一人で帰った。タカコちゃんたちに誘われたけど、テキトーな理由をつけて断って、昇降口のところでうろうろしてたトモちゃんに、F とりあえず今日のところは「バーイ」と声だけかけてあげた。

明日は……まだ、決めていない。

家に帰ると、お母さんは出かける支度をしていた。

「どっか行くの？」

「八千代さんの家。雨が降りだしそうだから、おばあちゃん迎えに行かなきゃ」

「お見舞い行ったの？」

「そうなのよ」プッと吹き出した。「笑っちゃうわよ」

今朝、八千代さんの家から電話がかかってきた。八千代さんがゆうべから「千代さんに会いたい」と言いどおしなんだという。

「八千代さん、マジ、ヤバいわけ？」

「そうじゃないのよ、熱も下がって、もうだいじょうぶだろうって話なの。だからおばあちゃんに会いたくなったんじゃない？　ほんとに元気のないときだったら、おばあちゃんと会うのキツいもんね」

お母さんは靴を履きながら、「それでね……」と、また吹き出して笑った。

ひいばあちゃんは電話のことを聞くと、怒ったような、笑ったような、すねたような、泣きだすような、とにかく思いっきりヘンな顔になった。「ひとを呼びつけるなんて、なにさまだと思ってんだい」なんて言いながら、そそくさと、いそいそと、出かけていった。

「呼ばれたからしかたなく行ってあげるっていうのがいいのよ、おばあちゃんとしては」

「わけわかんねーっ」

口ではそう言ってみても、G わたしの頬もついゆるんでしまう。

「だって……親友だもん」
ほら出た、いつものパターン。おせっかい。いいひとの真似(まね)。わたしを救うふりして、ほんとうは自分を救いたいだけ。サイテー。
「悪いけど、もう絶交してるから」とわたしは顔をそむけて言って、そのまま教室にダッシュした。
トモちゃんが追いかけてくるかもしれないと思ったけど、呼び止める声や足音は聞こえてこなかった。
教室に駆け込んで自分の席につくと、タカコちゃんが寄ってきた。
「スミちゃん、英語の教科書持ってるよね？」
「うん……」一時限めの授業だ。「持ってるけど」
「それ貸してくんない？　教科書忘れちゃったから、ヤバいんだよね」
答える間もなく、タカコちゃんはわたしの鞄を開けて、英語の教科書を抜き取った。
ちょっと待ってよ、わたしだって困るよ、そんなの、やめてよ――。
言えなかった。笑いながらミユキちゃんたちのほうに向かうタカコちゃんの背中を呆然(ぼうぜん)と見送っていたら、教室の外に立つトモちゃんの視線に気づいた。
トモちゃんは、やっぱりね、というふうに小刻みにうなずいて教室に入ってきた。シカト包囲網の中、誰とも口をきかずにいったん自分の席に向かい、机の中から出した英語の教科書を手に、わたしの席に近づいてくる。
わたしはうつむいて肩をすぼめた。タカコちゃんたちチェック入れてるだろうなあ、包囲網、裏切ったらヤバいよなあ、と唇を噛(か)んだ。
教科書が、ぽん、と机の上に置かれた。
表紙に鉛筆で〈ごめんでした〉と書いてあった。
トモちゃんは忘れ物の罰で平常点を五点引かれた。わたしに教科書を貸したことを先生に言わなかったからだ。
なんで――？　そんなの、わからない。けっきょくお礼も言わなかった。休憩時間にトモちゃんが一人でトイレに行った隙(すき)に教科書を返して、それっきり。

「ほんとだって」
「だったら、なんでひいばあちゃんはあんなに八千代さんのこと怒るわけ？」
「そういう友だちだっているんだよ」
屁理屈だと思った。わたしがコドモだからっていいかげんにごまかしてるんだ、とも。
「百万円賭けてもいいよ、ひいばあちゃん、八千代さんが死んでもぜーったいに泣かないから」
わたしはそっぽを向いて言って、居間を出ていった。廊下や階段をわざと大きな足音をたてて歩いて、二階の自分の部屋に入るとベッドに寝ころんだ。
「サイテーッ」
わたしに、言った。

絶交から二週間め、ついにトモちゃんがわたしに話しかけてきた。それも、朝、先に登校して教室に鞄を置いてから、昇降口の陰で待ち伏せするみたいにして。
シカトするつもりだった、もちろん。家でこっそりリハーサルだってやっていた。
でも、トモちゃんの「ちょっといい？」の声を聞き、わたしをじっと見つめる視線を受け止めた瞬間、背中で張り詰めていたものが、ふにゃっ、とゆるみかけた。
「……なんか用？」
「あのね、一言だけ言ってあげるけど、タカコとかと無理して付き合うのやめたら？　あの子たち、スミちゃんのこと友だちだなんて思ってないよ」
「関係ないじゃん、べつに、トモちゃんには」
言ったあと、「ちゃん」なんて付ける必要なかったのに、と悔やんだ。
トモちゃんは、わたしをまっすぐ見たまま言った。
「関係あるでしょ」
「なんで？」

お父さんからそれを聞いたとき、なにかすごく嫌な気分になった。お母さんも同じだったんだろう、やれやれ、という顔になって、「お見舞いに行くんだったら車で連れてってあげるのにねえ」と首をかしげる。
「まあ、ああいう性格だから長生きできるのかもしれないけど……もうちょっとなあ、ばあさんにとっても最後の友だちなんだし……」
お父さんの言葉をさえぎって、わたしは言った。
「友だちなんかじゃないんじゃないの？」
考えるより先に言葉が浮かび、口から転がり落ちた。
「だって、そうじゃん、ほかの友だちが先に死んじゃったから八千代さんと付き合ってるだけなんでしょ？　だから、ひいばあちゃん、ほんとはどうでもいいんだよ、八千代さんのことなんか」
お父さんとお母さんは顔を見合わせる。
わたしは一息につづけた。
「八千代さんも、べつにひいばあちゃんのことが好きだから遊びに来てたんじゃないんだよね、ほかに相手がいないから、しょうがないから遊びに来てただけで、そんなの友だちでもなんでもないんだよね、ぜったい」
自分の声を自分で聞くと、どんどん嫌な気分になってしまう。トモちゃんの顔が浮かぶ。絶交して四日目。あの子はまだ謝ってこない。授業中や休み時間に一瞬だけ目が合うことがあっても、わたしはソッコーで顔をそむけるから、あの子がどんな顔でわたしを見ているかはわからない。今日、初めて昼休みにタカコちゃんたちと遊んで、トモちゃんのシカト包囲網に誘われた。はっきりと答えたわけじゃないけど、やってもいいかな、と思ってる。明日になっても謝ってこなかったら、マジに。
わたしは肩の力を抜いて言った。
「友だちなんかじゃないのに友だちのふりしてても、しょうがないじゃん……」
お母さんが叱るような顔で口を開きかけたけど、その前にお父さんが静かに言った。
「友だちだぞ、あの二人は。子供の頃からいちばん仲良しだったんだ」
「……嘘だよ、そんなの」

「あんたなんか大っ嫌い!」
ついに言った。言えた。三日たったいまでも信じられない。きっと、トモちゃんのほうがもっと信じられないんだと思うけど。
わたしは間違ってない。
ぜったいに。
Eでも……どうして、トモちゃんから電話がかかってくるのを待ってるんだろう……。

八千代さんが寝込んでしまったという電話がかかってきたのは、ウチに遊びに来た翌日のことだった。
八千代さんは家に帰り着くと、疲れたからと言ってお風呂(ふろ)にも入らず、晩ごはんも食べずに床に就いて、そのまま朝になっても起きあがれなくなってしまったらしい。
「熱もあるし、咳(せき)もしてるっていうから、肺炎になりかけてるのかもね」
電話を切ったあと、お母さんは心配顔で言った。
「ひいばあちゃんに教えるの?」
わたしが訊くと、「まあ、それはお父さんに任せるしかないわよね」と、答えはため息交じりになった。
百歳近い年齢のことを考えると伝えないほうがいいかもしれないけど、あのキツい性格を思うと、黙っていたらヤバそうな気もする。
会社から帰ってきたお父さんもしばらく考え込んだすえ、「やっぱり話しといたほうがいいだろう」と険しい顔で離れの和室に向かった。
でも、数分後、居間に戻ってきたお父さんのしかめつらは②ビミョウにニュアンスが変わっていた。
「強いよ、ほんと、あのばあさんは……」
平然としていたんだという。
いや、平然を超えて、「なにやってんだかねえ、ほんとにヤッちゃんは」とムッとした顔でつぶやき、「あのひとは気持ちの弱いところがあるからね、これでおだぶつかもしんないよ、やだやだ辛気くさい」とまで言った。

D ほんとうはトモちゃんって、めっちゃ意地悪なんだ。

五年生とか六年生になるとクラスでもそれに気づく子が出てきて、けっこう陰口も言われてた、トモちゃん。わたしに「利用されてるだけなんじゃない？」と言う子もいた。

でも、自分でも不思議でしょうがなかったけど、トモちゃんに「親友だもん、いいっていいって」と言われると、どんなときでも、どんなことでも、おせっかいを断れなかった。そんな自分が嫌いだった。八千代さんとひいばあちゃんのヘンな友情が気にかかるようになったのも、その頃からだったと思う。

トモちゃんは小学校の卒業式の答辞につづき、中学の入学式でも新入生代表で挨拶（あいさつ）をして、クラスでも当然のごとく代表委員に選ばれた。

でも、六月に入って、立場がちょっとヤバくなった。別の小学校から来たタカコちゃんたちのグループがトモちゃんのことを「生意気だ」と言いだしたのがきっかけになって、「そうそうそう、ほんとだよね」と賛成する子がびっくりするほど多くて、クラスの女子の半数以上が参加したシカト包囲網——みんなで無視するイジメの態勢ができあがりつつある。

さすがのトモちゃんもあせったんだろう、小学校の頃にもましてわたしに「親友だよね」を連発するようになり、おせっかいの度合いもどんどん深まってきて……三日前に、とんでもないことをやってくれた。

小学四年生の頃からずっとわたしが片思いしていたカタギリくんに、「スミちゃんのこと、どう思う？」と訊いた。

頼んでなんかいないのに。そんなこと、ぜーったいにしてほしくなかったのに。

だって、わたしはカタギリくんのことが好きだから、好きなひとの好きな相手ぐらいわかるから。トモちゃんだって、それ、うすうす感付いているはずなのに。

トモちゃんは「あのね、カタギリくんって、いま好きな子がいるんだって」と、わたしのぶんまで寂しそうな顔になって言った。ほんとうは、「好きな子って誰？」とわたしが訊くのを待っていたはずだ。そうすれば、トモちゃんはきっと困った顔になって、申し訳なさそうな顔にもなって、でもうれしさをうっすらと頬（ほお）ににじませるだろう。

わたしが黙りこくると、トモちゃんは「元気出して」と励ますように笑った、その瞬間——キレた。

後悔なんてしてない。ずっとガマンしてたんだから。ほんとうに、ずっと、ずーっと。
トモちゃんは、クラスのみんなから見れば、すごくいいひとだ。勉強もできるし、スポーツも得意だし、しっかりしてるし、顔もかわいい。それでいて自慢やひとの陰口は言わないし、ズルをしたり嘘をついたりもしない。友だちとしてサイコーの子だと思う。親友にさえ、ならなければ。
「スミちゃんは特別だから。親友なんだから」というのがトモちゃんの口癖だ。じっさい、トモちゃんはいつもわたしのそばにいて、いつも親切にしてくれる。ときどき、それを「うらやましいなあ」と言う友だちもいる。
そんな子に、言えはしないけど、言ってみたい。
ねえ、なんでわたしがトモちゃんの親友になれたんだと思う？　答え、教えてあげよっか。わたしがね、勉強ができなくてスポーツも苦手でトロくて顔もあんまりかわいくないから、なんだよ。
笑いながら言えると思う。相手の子が「あ、そっか」なんて納得すると、ちょっとむかつくかもしれないけど。
もっとわかりやすく言おうか。トモちゃんは、わたしを引き立て役にしてるんだ。仲良くなった小学一年生の頃から六年間、ずっと。
わたしが教科書を忘れると、トモちゃんは決まって自分の教科書を貸してくれる。遠慮して断っても「いいからいいから」と無理やりわたしの机の上に教科書を置いていく。授業が始まって、先生が勘違いしてトモちゃんを「忘れ物しちゃだめでしょう」と叱りかけると、待ってましたというふうに胸を張って「スミちゃんが困っていたから貸してあげたんです」。先生はトモちゃんを叱れない。だって、困っているひとに親切にするのはいいことなんだから。それに、トモちゃんは教科書なんかなくたって、どんな質問でも当てられたらすぐに正解を答えられるんだから。
体育の時間だって、そう。ソフトボールの試合をするとき、キャプテンのトモちゃんは必ずわたしをピッチャーにする。「がんばってね！」と応援してくれる。でも、運動神経のないわたしにはストライクを放ることなんてできない。フォアボールを連発してピンチになって、まわりの子が「やっぱりスミちゃんじゃだめだよ」って顔になり、わたしも半べそをかいて「ピッチャー替わって」と言いだすと、「しょうがないなあ」とトモちゃんがリリーフに立ってバッターを三球三振に打ち取る。
いつも、そういうパターンだった。

ひいばあちゃんは一人になるのを待ちかねていたみたいにテレビを点けて、再放送の時代劇を観ていた。
「ヤッちゃん、もう帰ったかい？」
画面から目を離さず、せいせいしたみたいに訊く。
「うん、おばあちゃんによろしく、って」
「そんな洒落たこと言うもんかい」鼻で笑われた。「気の利かない子だったんだよ、昔っからね」
そういう言葉や態度を目や耳にするたびに、わたしにはわからなくなる。
八千代さんは叱られどおしなのに、どうしてわざわざ遊びに来るんだろう。ひいばあちゃんだって、そんなにうっとうしいのなら「もう遊びに来ないで」と言えばいいのに、どうして八千代さんと付き合うんだろう。
居間のほうから電話の呼び出し音が聞こえた。
一瞬、胸がドキッと高鳴った。
でも、電話の相手はわたしの待っていたひと——トモちゃんじゃなかった。「あらあら、どうもどうも」なんて笑うお母さんの声をぼんやり聞いていたら、ひいばあちゃんがこっちを見ていることに気づいた。
「どうしたの？　ぼけーっとしちゃってさ」
「……なんでもない」
「こんなところで油売ってる暇があるんなら、勉強しなよ。あんたももう中学生なんだから。英語だってあるんだろ？落ちこぼれなんかになっちゃ大変だよ」
あいまいにうなずいて、そっとため息をついた。
勉強なんて手につかない。
学校でも、授業中ずーっと考え事をしていた。
小学校時代からの親友のトモちゃんと絶交して、今日で三日になる。
「あんたなんか、大っ嫌い！」——声を裏返して叫んだとき、すごく気持ちよかった。たまりにたまったマグマがついに大噴火、って感じ。

「なに言ってんの、こないだ入学祝い包んで来たじゃないか、ほんとにさあ、あんたは惚けてるんだから」

言ってることは間違ってない。でも、間違いを笑って聞き流すおおらかさもない。厳しいひとだ。自分にも他人にも。

ひいばあちゃんは小皿の栗羊羹を見ると「甘いものは体に毒だから、わたしはいらないよ」とそっけなく言った。おかげで八千代さんも、小皿に伸ばしかけていた手を気まずそうにひっこめる。

すると、「あんたは食べなきゃいけないんだよ、これから歩いて帰るんだから。甘いものがいちばん力が出るんだよ」とひいばあちゃんは［　　］言う。

これでも九十歳を過ぎて性格がまるくなったんだという。お嫁さん――わたしのおばあちゃんがいた頃はハンパじゃなくキツい姑だったらしい。おばあちゃんはわたしがまだものごころつく前に亡くなった。「あの姑さんじゃ寿命も縮まるわ」というのがご近所の一致した見方で、お葬式のとき、ひいばあちゃんは涙の一粒すら流さず、お葬式の段取りが悪いだのしきたりと違ってるだのと文句の言いどおしだったそうだ。

八千代さんは羊羹を一口かじった。もちろん、それを黙って見ているひいばあちゃんじゃない。

「ほら、いつも言ってるだろ、羊羹から先に食べると歯にくっついちゃうだろ。先にお茶で口の中を濡らしとけばいいんだよ、もう、あんたはさあ、ほんとに……」

ひいばあちゃんはわたしを振り向いて、しょうがないよねえ、というふうに笑った。しわくちゃの顔は、ひ孫のわたしに向くときだけは、ほんのちょっとやわらかくなる。

八千代さんはいつもどおり夕方四時過ぎに帰っていった。我が家は一丁目、八千代さんちは四丁目、お年寄りの足なら三十分以上かかる道のりだ。お母さんはいつも「車で送りましょうか」と声をかけるし、八千代さんちのおばさんも迎えに来ると言ってくれる。でも、B「歩けるうちはどんどん歩かなきゃだめなんだよ」のひいばあちゃんの一言は、「お年寄りをたいせつに」の標語よりずっと重い。

玄関でお見送りするのはお母さんとわたし。ひいばあちゃんはリクライニング付き座椅子から腰を浮かせもせずに「じゃあまたね」と言うだけ。Cこれも、いつものことだ。

八千代さんが帰ったあと、わたしはひいばあちゃんの部屋にお茶とお菓子のお盆を取りに行った。

二 次の文章を読んで、後の問いに答えなさい。

注きんさん・ぎんさんがブームになった頃、わたしはこっそり思っていた。ウチのひいばあちゃんと八千代(やちよ)さんをコンビにして売り出せば、きんさん・ぎんさんに負けないくらいウケるんじゃないか、って。

なぜって、ひいばあちゃんの名前は千代(ちよ)。二人合わせて千代&八千代。いかにもめでたい名前だし、じっさい日露戦争の始まる少し前に生まれた同い年の二人は、二十世紀をほとんどまるごと生きてきたご長寿おばあちゃんなんだから。

ただし、このコンビには大きな①欠陥がある。国民的アイドルを目指すには致命的かもしれない。

幼なじみの千代&八千代は、たしかに一世紀近い付き合いはつづけているけど、親友ってわけじゃない。仲良しというのも、ちょっと違う。一言で表現するのはむずかしいけど、無理やり言ってみるのなら……精神的S&M。サディストとマゾヒスト。Sがひいばあちゃんで、Mが八千代さん。Aヘビがひいばあちゃんでカエルが八千代さん、なんて言い換えてもいいかも。

八千代さんは遊びに来るたびに、ひいばあちゃんにお説教される。嫁や孫との付き合いから、老眼鏡のフレームの色かたち、おまんじゅうの食べ方に至るまで、とにかくひいばあちゃんは八千代さんのやることなすことぜーんぶにケチをつける。

「だからあんたはだめなんだよ」「いつも言ってるじゃないか、そんなのじゃだめだって」「ほんとにヤッちゃんってのは、グズでのろまなんだからさあ」「ああ、もう、あんたとしゃべってるとイライラしてしょうがないよ」……。

八千代さんはいつも一言も言い返さず、しょぼんとした顔で、ひいばあちゃんのお説教を聞く。

だから、今日だって――。

お盆を持って離れの和室に入ると、八畳の部屋いっぱいに、ひいばあちゃんのイライラがたちこめていた。

肩をすぼめていた八千代さんは顔を上げて、「ああ、スミちゃん、ひさしぶりだねえ」と笑った。

「先週も会ったじゃないか、なに言ってんだい」

さっそく、ひいばあちゃんがクレームをつける。

「ああ、そうだったそうだった。スミちゃん、もう中学校に上がったのかい?」

問三　次の文は、文中の【a】～【d】のうち、どこに入るのが最も適切ですか。記号で答えなさい。

「そのため、病気が発生して枯れる品種があっても、すべてのジャガイモが枯れてしまうようなことはありませんでした。」

問四　――線C「ジャガイモの事件は、□の重要性を人間に見せつけたのです」とありますが、□に入る漢字二字の言葉を、文中から抜き出しなさい。

問五　＝線「つまりはなぜバラバラであるかといえば、そこに意味があるからなのです」とありますが、タンポポの株や葉っぱがバラバラなのはなぜですか。その理由を答えなさい。

問六　――線D「手先の器用な人や、計算が得意な人や、走るのが速い人や、料理が上手な人や、いろいろな人がいて、初めて世界が成り立ちます」とありますが、「世界が成り立」つためには、何が必要なのですか。最も適切な言葉を文中から三字で抜き出しなさい。

問七　――線①のカタカナを漢字に直し、――線②の漢字の読みをひらがなで答えなさい。

それでは、自分と違うタイプの人がいると、人間関係も面倒くさいので、世界中の人がみんなあなたと同じようなタイプの人だったとしましょう。それならば、みんなあなたと同じようなことを考えるはずですから、世界中の人が仲良くすることができるでしょう。戦争だってなくなるはずです。

しかし……本当にそれで良いのでしょうか。

あなたの好きなことは、世界中の人みんなが好きです。あなたの嫌いなことは、世界中の人みんなが嫌いです。お医者さんも、学校の先生も、ビルを作る人も、プロ野球の選手も、ケーキ屋さんも、車を修理する人も、農家も、漁師さんも、アイドルもファッションモデルもユーチューバーも総理大臣も、すべての仕事をあなたと同じ能力や性質を持つ人がやらなければなりません。

そんな世界が成り立つでしょうか。

D手先の器用な人や、計算が得意な人や、走るのが速い人や、料理が上手な人や、いろいろな人がいて、初めて世界が成り立ちます。

もし、世界中の人があなたと同じタイプだったとしたら、どうでしょう。もしかすると人類はアイルランドのジャガイモのように滅んでしまうかもしれません。

――『はずれ者が進化をつくる』稲垣　栄洋　より――

ちくまプリマー新書　刊

問一　――線A「タンポポの花はどれもほとんど黄色です」とありますが、その理由を答えなさい。

問二　――線B「優秀な株」とありますが、アイルランドの人たちにとって「優秀」とはどのようなことを指すのですか。答えなさい。

収量が多いジャガイモの品種は、ジャガイモの中のエリートとして位置づけられます。【a】

しかし、その「優れた株」とされたジャガイモには、重大な欠点があったのです。それが、胴枯病（どうがれびょう）という病気に弱いということでした。

そして実際に一九世紀の半ばころ、その優秀なジャガイモは、この病気に②侵されてしまうのです。【b】

全国で、一つの品種しか栽培されていないということは、もしその株がある病気に弱ければ、国中のジャガイモがその病気に弱いということになります。そのため、アイルランドでは国中のジャガイモで胴枯病が大発生し、壊滅的な被害を受けたのです。

ジャガイモは、南米アンデス原産の作物です。南米のアンデスの歴史の中で、ジャガイモが壊滅するようなことは起こりませんでした。ジャガイモにはさまざまな種類があります。収量が多い品種もあれば、収量がやや劣っても病気に強い品種もあります。ある病気に弱くても、他の病気に強い品種もあります。このようにアンデスでは、さまざまなジャガイモを一緒に栽培していたのです。【c】

しかし、このような作り方では、収量を増やすことはできません。そこで、南米でジャガイモに出会った人々は収量が多いジャガイモを選んで、ヨーロッパに伝えました。そして、収量が多いジャガイモの中から、さらに収量が多いジャガイモを選び出し、エリートのようなジャガイモを作り上げていったのです。【d】

自然界の植物には、個性があります。しかし、人間は「収量が多い」というたった一つの価値観でジャガイモを選び出しました。どんなに優秀であっても、個性がない集団はもろい。C ジャガイモの事件は、【　　】の重要性を人間に見せつけたのです。

目の数は誰もが二つです。そこに個性はありません。

個性とは他者と違うことです。違うことが個性なのです。

違いがあるのですから、みんな同じではありません。見た目も違えば、考え方も、感じ方も違います。

もちろん、自分と気の合わないタイプもいます。嫌いなタイプもいます。多様性があるからです。

もし多様性さえなければ、みんな仲良くできるのではないでしょうか。

もさまざまです。ギザギザに深く切れ込んだ葉っぱのものもあれば、切れ込みのない葉っぱのものもあります。どんな大きさが良いかは環境によって変わります。葉っぱの形も、どれが良いという正解はありません。

そのため、タンポポの大きさや葉っぱの形は個性的なのです。

個性は当たり前のようにあるわけではありません。個性は生物が生き残るために作り出した戦略です。個性があるということ、つまりはなぜバラバラであるかといえば、そこに意味があるからなのです。

十九世紀のアイルランドでのお話です。

この頃のアイルランドは、ジャガイモが重要な食料となっていました。ところが、歴史的な事件が起きました。ジャガイモの疫病が大流行をして、アイルランド国中のジャガイモが壊滅状態になってしまったのです。このとき、食べ物を失った多くの人たちは祖国を離れて、①カイタクチであったアメリカ大陸に渡りました。その大勢の移民たちの力が、当時工業国として発展していたアメリカ合衆国をさらに押し上げ、つくっていったと考えられます。そのためジャガイモは、「アメリカ合衆国をつくった植物」とも言われています。

それにしても……どうして国中のジャガイモがいっぺんに病気になるような大惨事が起きてしまったのでしょうか。

その原因こそが「個性の喪失」にありました。

ジャガイモは、種芋で増やすことができます。

優れた株があって、そこから採れた芋を種芋として植えていけば、B優秀な株を増やすことができます。そのためアイルランドでは、その優秀な株だけを選んで増やし、国中で栽培していたのです。

それでは、「優秀な株」とは、いったいどんな株なのでしょうか？

アイルランドの人たちにとって、ジャガイモは重要な食糧でした。大勢の人口を支えるためには、たくさんのジャガイモが必要です。そのため、収量の多いジャガイモが「優れた株」でした。そして、収量の多いジャガイモの品種を増やして、国中で栽培していたのです。

二〇二三年度 女子美術大学付属高等学校

【国　語】（五〇分）〈満点：一〇〇点〉

一　次の文章を読んで、後の問いに答えなさい。

皆さんは、学校で答えのある問題を解いています。問題には正解があり、それ以外は間違いです。
ところが自然界には、答えのないことのほうが多いのです。
たとえば、先に紹介したオナモミに代表されるように、雑草にとっては、早く芽を出したほうがいいのか、遅く芽を出したほうがいいのか、答えはありません。
早いほうがいいときがあるかもしれませんし、じっくりと芽を出したほうがいいかもしれません。環境が変われば、どちらが良いかは変わります。どちらが良いという答えがないのですから、「どちらもある」というのが、雑草にとっては正しい答えになります。
だから、雑草はバラバラでありたがるのです。どちらが、優れているとか、どちらが劣っているという優劣はありません。むしろ、バラバラであることが強みです。
しかし、不思議なことがあります。
先に書いたように、自然界では多様性が大切にされます。それなのに、A タンポポの花はどれもほとんど黄色です。紫色や赤い色をしたタンポポを見かけることはありません。タンポポの花の色に個性はありません。これはどうしてなのでしょうか。
タンポポは、主にアブの仲間を呼び寄せて花粉を運んでもらいます。アブの仲間は黄色い花に来やすい性質があります。そのため、タンポポの花の色は黄色がベストなのです。
黄色が一番いいと決まっているから、タンポポはどれも黄色なのです。
しかし、タンポポの株の大きさはバラバラです。大きなタンポポもあれば、小さなタンポポもあります。葉っぱの形

英語解答

1
1 than
2 ア (例)木材がそれほど丈夫でなかったから
イ thin, strong, and beautiful
3 ウ　4 2番目…ウ　4番目…オ
5 (例)最も良い木は森の真ん中にあった
6 men
7 the big hardwood trees
8 イ　9 ウ　10 ア
11 roads　12 ア　13 エ
14 B　15 イ　16 イ，ウ

2
1 much　2 February
3 was　4 would　5 Will

3
1 ウ　2 イ　3 ア　4 ウ
5 ウ

4
1 can sing
2 picture which〔that〕
3 was born　4 have to
5 didn't, any

5
1 swimming　2 France
3 breakfast　4 short　5 its

6
1 youngest　2 excited
3 written　4 goes
5 broke

7
1 drinks a glass of orange juice
2 is as interesting as that one
3 in front of　4 Let's, if it
5 (例) I have been to Spain with my family three times.
6 (例) A cat sat between my father and my mother.

1〔長文読解総合―説明文〕

≪全訳≫**1**ヨーロッパ人が1600年代に南アメリカにやってきたとき，彼らは家や船のために森から木材をとった。木々はヨーロッパのものよりも背が高く，木材は堅く丈夫だった。濃い赤や茶色の美しい色があった。**2**1700年以前，アメリカやヨーロッパの家具職人は，自国の木の木材を使っていた。この木材はそれほど丈夫ではなかったので，椅子やテーブルは厚くて四角いものだった。しかし，1700年代に，彼らは熱帯雨林の硬材を発見した。新式の家具は突然薄く，丈夫で，美しいものになった。誰もがこの美しい新木材でできた家具を欲しがった。**3**1754年，ロンドンの家具職人であるトーマス・チッペンデールが，全てにこれらの新しい堅い熱帯雨林の木材を使った，椅子，テーブル，机，ベッド，クローゼット，箱，棚の新しいアイデアを示す160枚の絵を掲載した本をつくった。裕福な客が彼のところに来た。彼らは，大きな田舎の家にこの新式の家具を欲しがった。チッペンデールの本は，他のヨーロッパの国々や北アメリカに届いた。新式の家具は，世界中の熱帯雨林の硬材を使い，ボストンやフィラデルフィアでつくられた。B北アメリカの人々は，ヨーロッパからのこれらの新しいアイデアがとても気に入った。**4**しかし，ジャマイカ，キューバ，アメリカ大陸で，人々は来る年も来る年も，大きな古い硬材となる木々を切り倒した。200年後，最も良い木は，道路や船から遠く離れた森の真ん中にあった。**5**そのため，アマゾンの熱帯雨林周辺にある企業は労働者を森の中に送り込んだ。この男たちは，あちこちで大きな硬材となる木々を見つけた。彼らはそれらを切り倒し，長い距離を引っぱって森から出した。その後，彼らは道路や川でそれらを都市へと運んだ。しかし，彼らが1本の大きな木を切り倒すとき，さらに周りにある20本をも切り倒していた。彼らは大金を稼いだが，川や道路に近い場所では，森が枯れ始めた。❻企業は，さらに多くの道路，もっと大きな道路を求めた。1970年代，ブラジルは熱帯雨林の中やその周辺部に多くの新しい道路を建設した。これらの道路の1つは長さ5300キロメートルだ。それは大西洋に隣接するレシフェからペルーのアンデスまで続いている。大企業は，これらの新しい道路を使うことができた。彼らは硬材となる木々を大量に切り倒し始めた。彼らは木々を道路まで引き出し，都市へと運んだ。❼森からとったこの硬材はとても高価だ。企業がそれを売ると，ブラジルに多くのお金をもたらすのだ。

1＜**適語補充**＞空所の前に taller があるので比較級の文である。

2＜**文脈把握**＞ア．前に「だから」の意味 so があるので，その前にある This wood wasn't very strong が chairs and tables were thick and square の理由になる。　イ．第2段落第4文に New furniture was suddenly thin, strong, and beautiful. とある。

3＜**語句解釈**＞下線部以降の with 160 pictures of his new ideas for chairs, ～ all from these new, hard rain forest woods. が，a book の説明になっている。

4＜**整序結合**＞第3段落第3文に(this) new furniture とあるので，ここでも(The) new furniture でまとめて主語にする。語群の made，was から，'be動詞＋過去分詞' の受け身の文にする。The new furniture was made in Boston and Philadelphia with hardwoods from the rain forests of the world.

5＜**英文和訳**＞ここでの were は'存在' を表す be動詞で「～があった」の意味。　in the middle of ～「～の真ん中に」

6＜**語形変化**＞直前に These「これらの」があるので，複数形にする。man の複数形は men。

7＜**指示語**＞まず，them なので前に述べられた複数のものを指すとわかる。また，前後から，them は道路や川で都市へと運ばれるものだとわかる。これらの条件に合うのは，2文前にある the big hardwood trees。

8＜**英文解釈**＞twenty more「もう20」の後に trees が省略されていることに気づけるかがポイント。下線部を含む文の前半にある(one big) tree の繰り返しを避けるために省略されたと考える。アの「鳥」や，エの「動物」は本文で登場しないので不適。「作業員」に相当する workers や men は同段落第1，2文に登場するが，twenty more の後に入れても文意が通らない。

9＜**適語句選択**＞空所を含む文の but 前後の内容に注目。but は'逆接' を表す接続詞で，前後には相反する内容がくる。but の前は「彼らは大金を稼いだ」という良い内容なので，後には悪い内容がくると考え，ウの to die を選ぶ。die は植物が主語のときは「枯れる」と訳されることが多い。

10＜**文脈把握**＞第6段落最終文から，道路は木を都市へ運ぶのに使われることがわかる。よってア．「木々を簡単に運ぶために」が適切。

11＜**適語補充**＞第6段落は，木を運ぶ道路がテーマになっている。5,300 kilometers long「長さ5300キロメートルである」のは「道路」である。前に these があるので複数形の roads にすることに注意。

12＜**英文解釈**＞下線部の It は直前の文の One of these (roads)を指す。この道路は5300キロメートルの長さなので，下線部は道路の長さを具体的に示しているものと考える。

13＜**適語選択**＞空所を含む文は「企業がそれ(＝硬材)を売ると，ブラジルに多くの(　)をもたらす」

の意味。硬材を売って手に入るのは money「お金」である。

14<適所選択>脱文にある these new ideas から，文が入る箇所の前で何らかのアイデアについて述べられていると考える。第３段落第１文で硬材を使った家具の新しいアイデアに関する記述がある。

15<表題選択>文章は人々が熱帯雨林の硬材を求めてきたことを表すものなので，イ．「誰もが木材を求めている」が適切。アの「自然を保護する方法」，ウの「熱帯雨林の冒険」は本文で述べられていないので不適。エの「偉大な家具職人，トーマス・チッペンデール」は，第３段落でチッペンデールに関する記述はあるものの，文章全体のテーマではない。

16<内容真偽>ア…×　第１段落第１文から，南アメリカの木材を用いたと考えられる。　イ…○　第１段落第２，３文に一致する。　ウ…○　第３段落第１，２文に一致する。　エ…×　本文で述べられているのはアメリカやヨーロッパの家具職人。アマゾンの家具職人についての記述はない。　オ…×　第７段落第１文で，熱帯雨林の木材が高価であることは述べられているが，安価な木材の発見が必要となったという記述はない。

2〔適語補充〕

1．4000円と値段を答えているので，How much「いくら」とする。　「このかばんはいくらですか」―「4000円です」

2．「１年の２番目の月は<u>２月</u>だ」

3．got から過去の文。空所の後の listening から進行形と判断し，過去進行形 'was/were＋～ing' とする。　get home「帰宅する」　「私が家に着いたとき，兄〔弟〕は音楽を聴いていた」

4．'would like＋名詞' で「～が欲しい」の意味。　「紅茶をいただけますか」

5．next Saturday から未来の文だとわかる。　「今度の土曜日は忙しいですか」

3〔適語(句)選択〕

1．前後が相反する '逆接' の関係になっている。　「ユキは疲れていたが，買い物に行った」

2．前の名詞を修飾する to不定詞の形容詞的用法である。　「私の息子はテレビでドラマを見る時間がなかった」

3．'時刻' を表す前置詞は at。　「10時に私に電話をしてください」

4．with は前置詞。前置詞の後は目的格が続く。　they－their－<u>them</u>－theirs　「私たちは彼らとパーティーに行く予定だ」

5．be sure that ～ で「～だと確信している」の意味。　「私はあなたが正しいと確信している」

4〔書き換え―適語補充〕

1．「グリーンさんは良い歌手だ」→「グリーンさんはとても上手に歌うことができる」

2．「彼は沖縄でその写真を撮った。私はそれを気に入っている」→「私は彼が沖縄で撮った写真を気に入っている」　「～が…する〔した〕―」は目的格の関係代名詞を使い，'先行詞＋who(m)/which/that＋主語＋動詞...' の形で表すことができる。ここでは先行詞が the picture で '物' なので関係代名詞は which または that を使う。目的格の関係代名詞は省略できることも確認しておきたい。

3．「１月１日は私の誕生日だ」→「私は１月１日に生まれた」　「生まれた」は was/were born。

4．２文とも「私たちは数学を一生懸命に勉強しなければならない」という意味。助動詞 must を

have/has to で書き換える。

5．2文とも「彼は試験で1つも間違えなかった」という意味。no ～「1つも～ない」は not any ～ で書き換えられる。一般動詞の過去の否定文なので，そのまま not を入れるのではなく，didn't とすることに注意。

5〔単語の関連知識〕

1．walk と walking は，動詞の原形と～ing形。swim の～ing形はmを重ねて swimming となる。

2．Tokyo「東京」と Japan「日本」は首都と国。Paris「パリ」が首都の国は France「フランス」。

3．evening「晩」と dinner「夕食」は，時間帯と食事。morning「朝」に食べるのは breakfast「朝食」。

4．high「高い」と low「低い」は対義語。long「長い」の対義語は short「短い」。

5．I と my は主格と所有格。it の所有格は its。

6〔語形変化〕

1．前の The，後の of the five から最上級にする。　「5人の中で最も若い生徒がそのレースに勝った」

2．excite はもともと「～を興奮させる」という意味の動詞。「少年たちは興奮していた」＝「少年たちは興奮させられていた」と考え，過去分詞の excited にする。　「少年たちはそのサッカーの試合に興奮していた」

3．「漱石によって書かれた本」と考え，過去分詞の written にする。written by Soseki が前の名詞 the book を後ろから修飾する過去分詞の形容詞的用法。　「これは漱石によって書かれた本だ」

4．地球が太陽の周りを回るのは，過去も現在も未来も変わらない不変の事実。英語では不変の事実は現在形で表す。主語の The earth は3人称単数なので goes とする。　「地球は太陽の周りを回る」

5．last night という過去を表す語句があるので，過去形にする（break－broke－broken）。who broke the window last night は間接疑問。疑問詞 who 自体が主語となっているので，直後には動詞が続く。　「あなたは，誰が昨夜その窓を割ったのか知っていますか」

7〔和文英訳―整序結合・部分記述・完全記述〕

1．主語の She の後は動詞の drinks が続く。「コップ一杯の～」は a glass of ～ で表す。

2．this book の後は動詞 is を続ける。「～と同じくらい…」は'as＋形容詞〔副詞〕＋as ～'。「あれ」は that one。one は'数えられる名詞'の繰り返しを避けるために使う代名詞。ここでは book を指している。

3．「駅前の」は「駅の前の」と読み換える。「～の前で〔の〕」は，in front of ～ で表せる。

4．「～しましょう」は Let's ～，「もし～なら」は接続詞 if で表せる。if の後は it（is fine）とする。この it は'天候'を述べるときの主語となる用法（この it は「それ」と訳さない）。文末に tomorrow という未来を表す語があるが，'時'や'条件'を表す if の副詞節内の動詞は未来のことでも現在形で表すので is になっている。

5．「～に行ったことがある」は have been to ～ で表せる。「～回（3回以上）」は ～ times で表す。回数を表す語句は普通，文の最後に置く。once「1回」，twice「2回」も確認しておきたい。

6．主語の「1匹の猫」は A cat，動詞の「座りました」は sit の過去形 sat で表す（sit－sat－sat）。「*A*と*B*の間に」は'between *A* and *B*'で表せる。

数学解答

1 (1) 8　(2) $-\frac{1}{10}y^4$　(3) $\frac{14\sqrt{3}}{3}$

(4) $\frac{5x+18}{20}$　(5) $y=\frac{4x-3}{8}$

(6) $3(x-5)^2$　(7) $x=0,\ 3$

(8) 50°　(9) (b), (c)　(10) $\frac{1}{3}$

(11) $\frac{128\sqrt{3}}{3}\pi\ \text{cm}^3$

2 (1) ㋐…1400　㋑…$\frac{4}{5}$　㋒…$\frac{3}{2}$

㋓…$\frac{11}{10}$

(2) 900冊

3 (1) 15　(2) $3\sqrt{10}$　(3) $\sqrt{10}$

(4) $y=\frac{7}{4}x+\frac{15}{4}$　(5) $\left(-\frac{15}{7},\ 0\right)$

4 (1) (例)△DEGと△DGHにおいて，共通な角より，∠GDE＝∠HDG……①　$\overset{\frown}{AB}=\overset{\frown}{CD}$より，等しい長さの弧に対する円周角は等しいので，∠ADB＝∠GED……②　GH∥BDより，平行線の錯角は等しいので，∠ADB＝∠HGD……③　②，③より，∠GED＝∠HGD……④　①，④より，2組の角がそれぞれ等しいので，△DEG∽△DGH

(2) 10cm

1〔独立小問集合題〕

(1)＜数の計算＞$(-5)^2=(-5)\times(-5)=25$，$(-3)^2=(-3)\times(-3)=9$，$(-2)^3=(-2)\times(-2)\times(-2)=-8$より，与式$=25-9+(-8)=25-9-8=8$となる。

(2)＜式の計算＞$\left(-\frac{1}{2}xy^2\right)^3=\left(-\frac{1}{2}xy^2\right)\times\left(-\frac{1}{2}xy^2\right)\times\left(-\frac{1}{2}xy^2\right)=-\frac{1}{8}x^3y^6$より，与式$=-\frac{1}{8}x^3y^6\div\frac{5}{4}x^3y^2=-\frac{x^3y^6}{8}\times\frac{4}{5x^3y^2}=-\frac{x^3y^6\times4}{8\times5x^3y^2}=-\frac{1}{10}y^4$となる。

(3)＜数の計算＞$\sqrt{48}=\sqrt{4^2\times3}=4\sqrt{3}$，$\frac{3}{\sqrt{27}}=\frac{3}{\sqrt{3^2\times3}}=\frac{3}{3\sqrt{3}}=\frac{1}{\sqrt{3}}=\frac{1\times\sqrt{3}}{\sqrt{3}\times\sqrt{3}}=\frac{\sqrt{3}}{3}$，$\frac{15}{\sqrt{75}}=\frac{15}{\sqrt{5^2\times3}}=\frac{15}{5\sqrt{3}}=\frac{3}{\sqrt{3}}=\frac{3\times\sqrt{3}}{\sqrt{3}\times\sqrt{3}}=\frac{3\sqrt{3}}{3}=\sqrt{3}$より，与式$=4\sqrt{3}-\frac{\sqrt{3}}{3}+\sqrt{3}=\frac{12\sqrt{3}}{3}-\frac{\sqrt{3}}{3}+\frac{3\sqrt{3}}{3}=\frac{14\sqrt{3}}{3}$となる。

(4)＜式の計算＞与式$=\frac{4(5x+2)-5(3x-2)}{20}=\frac{20x+8-15x+10}{20}=\frac{5x+18}{20}$

(5)＜等式変形＞$4x$，-3を右辺に移項して，$-8y=-4x+3$，両辺を-8でわって，$y=\frac{4x-3}{8}$となる。

(6)＜式の計算―因数分解＞与式$=3(x^2-10x+25)=3(x-5)^2$

(7)＜二次方程式＞$4x^2+3x-12x-9=x^2-9$，$3x^2-9x=0$，$x^2-3x=0$，$x(x-3)=0$　$\therefore x=0,\ 3$

(8)＜平面図形―角度＞右図1で，点Oと5点A，B，C，D，E，点Dと点Eをそれぞれ結ぶ。$\overset{\frown}{AB}:\overset{\frown}{BD}:\overset{\frown}{DA}=1:1:1$より，$\overset{\frown}{AB}=\overset{\frown}{BD}=\overset{\frown}{DA}$だから，$\overset{\frown}{BD}$，$\overset{\frown}{DA}$は円Oの周の$\frac{1}{3}$であり，$\angle BOD=\angle DOA=\frac{1}{3}\times360°=120°$となる。$\overset{\frown}{BC}:\overset{\frown}{CD}=1:1$より，$\overset{\frown}{BC}=\overset{\frown}{CD}$だから，$\angle BOC=\angle COD=\frac{1}{2}\angle BOD=\frac{1}{2}\times120°=60°$となる。よって，$\overset{\frown}{CD}$に対する円周角と中心角の関係より，

図1

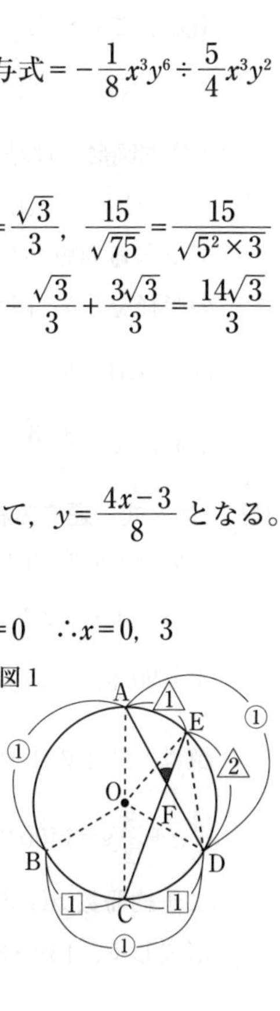

$\angle FED=\frac{1}{2}\angle COD=\frac{1}{2}\times 60^\circ=30^\circ$ である。また，$\overset{\frown}{DE}:\overset{\frown}{EA}=2:1$ より，$\angle DOE:\angle EOA=2:1$ だから，$\angle EOA=\frac{1}{2+1}\angle DOA=\frac{1}{3}\times 120^\circ=40^\circ$ となり，$\overset{\frown}{EA}$ に対する円周角と中心角の関係より，$\angle EDF=\frac{1}{2}\angle EOA=\frac{1}{2}\times 40^\circ=20^\circ$ である。したがって，△DEF で内角と外角の関係より，$\angle AFE=\angle FED+\angle EDF=30^\circ+20^\circ=50^\circ$ となる。

(9)＜**正誤問題**＞(a)…誤。$2-2=0$，$2-3=-1$ のように，0や負の整数になることもある。　(b)…正。ある数と，その数の逆数の積は1となるので，ある数が負のとき，その数の逆数も負である。
(c)…正。-0.1 の絶対値は0.1，-0.001 の絶対値は0.001である。$0.1>0.001$ だから，-0.1 の絶対値の方が大きい。　(d)…誤。円周の長さは半径の長さに比例するので，2つの円において，半径の長さの比が $1:10$ のとき，円周の長さの比も $1:10$ である。　(e)…誤。右図2で，立方体ABCD-EFGHの辺ABに対して考えると，平行な辺はDC，EF，HGの3本，交わる辺はAD，AE，BC，BFの4本だから，ねじれの位置にある辺は，残りのDH，EH，CG，FGの4本である。

図2

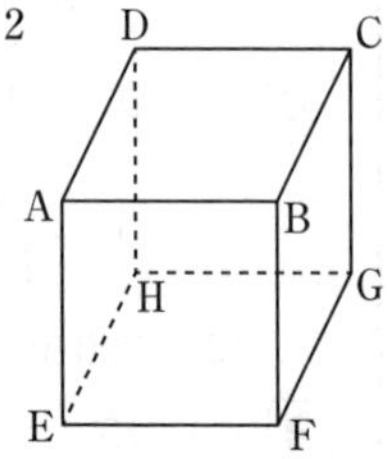

(10)＜**確率—色のカード**＞2枚の赤のカードを赤1，赤2，2枚の白のカードを白1，白2とする。4枚のカードの中からカードを1枚引くとき，引き方は4通りあり，もう1枚カードを引くとき，残りは3枚だから，引き方は3通りある。よって，2枚のカードの引き方は，全部で $4\times 3=12$(通り)ある。このうち，引いた2枚のカードの色がそろうのは，(1枚目，2枚目)＝(赤1，赤2)，(赤2，赤1)，(白1，白2)，(白2，白1)の4通りだから，求める確率は $\frac{4}{12}=\frac{1}{3}$ である。

(11)＜**空間図形—体積**＞右図3のように，4点A，B，C，Dを定める。$\angle ABC=\angle BCD=\angle ADC=90^\circ$ だから，△ABCを直線 l を軸として1回転させてできる回転体は，底面の半径をBC，高さをABとする円柱から，底面の半径をAD，高さをDCとする円錐を除いた立体である。$AD=BC=4$，$DC=AB=4\sqrt{3}$ だから，求める回転体の体積は，$\pi\times 4^2\times 4\sqrt{3}-\frac{1}{3}\times\pi\times 4^2\times 4\sqrt{3}=\frac{128\sqrt{3}}{3}\pi$ (cm³)である。

図3

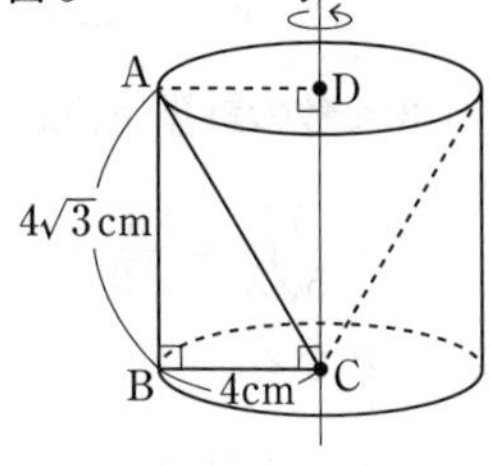

2〔**数と式—連立方程式の応用**〕

(1)＜**立式**＞昨年の1月の窓口での予約冊数とインターネットによる予約冊数は合わせて1400冊であったことより，$x+y=1400$……①が成り立つ。また，今年の1月の窓口での予約冊数は，昨年の1月より20％減ったので，$x\times\left(1-\frac{20}{100}\right)=\frac{4}{5}x$(冊)となり，今年の1月のインターネットによる予約冊数は，昨年の1月より50％増えたので，$y\times\left(1+\frac{50}{100}\right)=\frac{3}{2}y$(冊)となる。全体では10％増えたので，$\frac{4}{5}x+\frac{3}{2}y=1400\times\left(1+\frac{1}{10}\right)$ より，$\frac{4}{5}x+\frac{3}{2}y=1400\times\frac{11}{10}$……②が成り立つ。

(2)＜**予約冊数**＞(1)の②の両辺を10倍すると，$8x+15y=15400$……②′ となるので，②′－①×8で x を消去して，$15y-8y=15400-11200$，$7y=4200$，$y=600$ となる。よって，今年の1月のインターネ

ットによる予約冊数は，$\frac{3}{2}y=\frac{3}{2}\times600=900$(冊)である。

3〔関数—関数 $y=ax^2$ と一次関数のグラフ〕

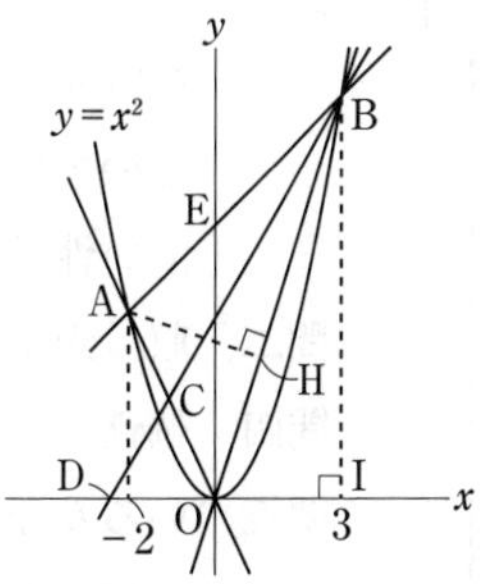

(1)<**面積**>右図で，直線 AB と y 軸との交点を E とすると，$\triangle AOB=\triangle AOE+\triangle BOE$ である。2 点 A，B は放物線 $y=x^2$ 上にあり，x 座標がそれぞれ -2，3 だから，y 座標は $y=(-2)^2=4$，$y=3^2=9$ となり，$A(-2,\ 4)$，$B(3,\ 9)$ である。これより，直線 AB の傾きは $\frac{9-4}{3-(-2)}=\frac{5}{5}=1$ となるので，直線 AB の式は $y=x+b$ とおける。点 A を通るので，$y=x+b$ に $x=-2$，$y=4$ を代入して，$4=-2+b$，$b=6$ となる。よって，切片が 6 だから，$E(0,\ 6)$ であり，$OE=6$ である。$\triangle AOE$，$\triangle BOE$ の底辺を辺 OE と見ると，2 点 A，B の x 座標より，$\triangle AOE$ の高さは 2，$\triangle BOE$ の高さは 3 となる。したがって，$\triangle AOE=\frac{1}{2}\times6\times2=6$，$\triangle BOE=\frac{1}{2}\times6\times3=9$ より，$\triangle AOB=6+9=15$ である。

(2)<**長さ**>右上図で，点 B から x 軸に垂線 BI を引く。$B(3,\ 9)$ より，$OI=3$，$BI=9$ だから，$\triangle OBI$ で三平方の定理より，$OB=\sqrt{OI^2+BI^2}=\sqrt{3^2+9^2}=\sqrt{90}=3\sqrt{10}$ となる。

(3)<**長さ**>右上図で，$AH\perp OB$ だから，線分 AH は，$\triangle AOB$ の底辺を辺 OB と見たときの高さに当たる。(1)より $\triangle AOB=15$，(2)より $OB=3\sqrt{10}$ だから，$\triangle AOB$ の面積について，$\frac{1}{2}\times3\sqrt{10}\times AH=15$ が成り立つ。これより，$AH=\sqrt{10}$ となる。

(4)<**直線の式**>右上図で，直線 BC は $\triangle AOB$ の面積を 2 等分するので，$\triangle ABC=\triangle OBC$ より，$AC=OC$ である。よって，点 C は線分 AO の中点となる。$A(-2,\ 4)$ だから，点 C の x 座標は $\frac{-2+0}{2}=-1$，y 座標は $\frac{4+0}{2}=2$ となり，$C(-1,\ 2)$ である。$B(3,\ 9)$ だから，直線 BC の傾きは $\frac{9-2}{3-(-1)}=\frac{7}{4}$ となり，その式は $y=\frac{7}{4}x+c$ とおける。点 C を通るので，$2=\frac{7}{4}\times(-1)+c$，$c=\frac{15}{4}$ となり，直線 BC の式は $y=\frac{7}{4}x+\frac{15}{4}$ である。

(5)<**座標**>右上図で，点 D は x 軸上の点だから，y 座標は 0 である。点 D は直線 $y=\frac{7}{4}x+\frac{15}{4}$ と x 軸の交点だから，$y=0$ を代入して，$0=\frac{7}{4}x+\frac{15}{4}$，$-\frac{7}{4}x=\frac{15}{4}$，$x=-\frac{15}{7}$ となり，$D\left(-\frac{15}{7},\ 0\right)$ である。

4〔平面図形—円〕

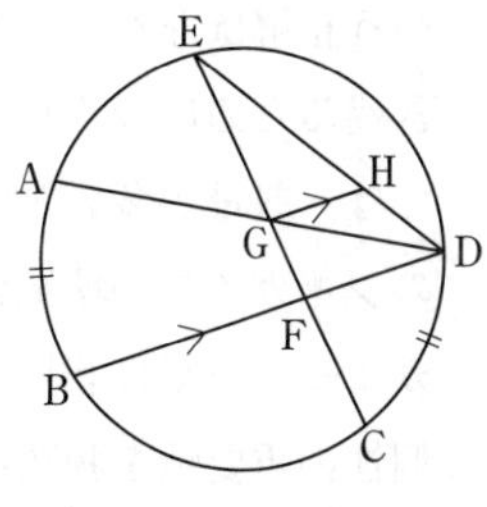

(1)<**証明**>右図の $\triangle DEG$ と $\triangle DGH$ で，共通な角より，$\angle GDE=\angle HDG$ だから，あと 1 組の角が等しいことを示せば，$\triangle DEG\backsim\triangle DGH$ がいえる。$\overset{\frown}{AB}=\overset{\frown}{CD}$ より，$\angle ADB=\angle GED$ であり，$GH/\!/BD$ より，$\angle ADB=\angle HGD$ である。解答参照。

(2)<**長さ—相似**>右図で，(1)より，$\triangle DEG\backsim\triangle DGH$ だから，$DE:DG=DG:DH$ である。よって，$18:12=12:DH$ が成り立ち，$18\times DH=12\times12$，$DH=8$ となるから，$EH=DE-DH=18-8=10$(cm)である。

国語解答

一 問一　タンポポは，主にアブの仲間を呼び寄せて花粉を運んでもらうが，そのアブの仲間は黄色い花に来やすい性質を持っているから。

問二　収量が多いこと。　問三　c

問四　個性

問五　いろんな環境に対応するバラバラの個性があれば，タンポポは生き残ることができるから。

問六　多様性

問七　①　開拓地　②　おか

二 問一　ひいばあちゃん　嫁や孫～ける。
八千代さん　八千代～聞く。

問二　イ　問三　ウ

問四　八千代さんは叱～合うんだろう。

問五　わたしに親切にしているような素振りを見せて，実は自分の親切なところや，勉強もスポーツもよくできるところを周囲にアピールし，わたしのことを自分の引き立て役として扱っているところ。

問六　トモちゃんから謝ってくれること。

問七　タカコに教科書を取りあげられたわたしに，さりげなく教科書を貸してくれ，表紙に〈ごめんでした〉と書いたこと，そして，これまでとは違って，わたしに教科書を貸したことを先生に言わなかったこと。

問八　「八千代さんが千代さんに会いたいと言っている」ということを聞いて，これまで八千代さんのお見舞いに行こうとしなかったひいばあちゃんが，文句を言いながらも，うれしそうにそそくさと，いそいそと出かけていったことを知り，ひいばあちゃんは本当はずっと八千代さんの体調を心配していたし，会いたいと思っていたのだとわかり，ひいばあちゃんに親しみを感じたから。

問九　(1)　若〔弱〕輩者　(2)…ア

問十　①　けっかん　②　微妙

一〔論説文の読解―自然科学的分野―自然〕出典；稲垣栄洋『はずれ者が進化をつくる』。

≪本文の概要≫自然界の生物のありように優劣はなく，バラバラの個性を持っていて多様性のあることが，変化し続ける環境に対して強みとなる。タンポポの花の色は，黄色を好むアブに花粉を運ばせるため，黄色が一番いいと決まっているので全て黄色だが，株の大きさや葉の形は，どれがよいという正解はなく，どんな環境でも生き残れるように個性的であり，多様性を持つ。個性は，生物が生き残るためにつくり出した戦略であり，バラバラであることに意味がある。十九世紀のアイルランドでは，収量が多いという一つの価値観でジャガイモの品種を選択した結果，胴枯病に侵されて，国中のジャガイモが壊滅状態に陥った。ジャガイモの原産地である南米のアンデスでは，さまざまなジャガイモを一緒に栽培していたため，ジャガイモが壊滅するようなことは起こらなかった。この事件は，個性の重要性を物語っている。人間もまた，見た目も考え方も感じ方も多様であるが，全ての仕事を同じ能力や性質を持つ人がやるという世界は成り立たない。さまざまな個性を持つ人がいて，初めて世界が成り立つのである。

問一＜文章内容＞「タンポポは，主にアブの仲間を呼び寄せて花粉を運んでもら」うが，「アブの仲間は黄色い花に来やすい性質」があり，「タンポポの花の色は黄色がベスト」だと決まっているから，タンポポの花は，どれもほとんど黄色なのである。

問二＜文章内容＞「アイルランドの人たちにとって，ジャガイモは重要な食糧」であり，「大勢の人口を支えるためには，たくさんのジャガイモが必要」だったため，「収量の多いジャガイモ」を「優れた株」として，「品種を増やして，国中で栽培していた」のである。

問三＜文脈＞「アンデスでは，さまざまなジャガイモを一緒に栽培していた」ため，「病気が発生して枯れる品種があっても，すべてのジャガイモが枯れてしまうようなこと」はなかったが，「このような作り方では，収量を増やすこと」はできない。

問四＜文章内容＞「『収量が多い』というたった一つの価値観」で選び出されたアイルランドのジャガイモが一種類の病気で壊滅状態に陥ったという事件は，「収量が多い」という「優秀」な性質を持っていても「個性がない集団はもろい」ということを人間に見せつけ，「個性」の重要性を教えた。

問五＜文章内容＞「タンポポの株の大きさ」が「バラバラ」で，「葉っぱの形もさまざま」なのは，「どんな大きさが良いかは環境によって」変わるし，「葉っぱの形も，どれが良いという正解」はなく，変化していく環境に応じて，常にどの種かが順応して「生き残る」ことができるように，「個性的」であろうとするからである。

問六＜文章内容＞もし「多様性」がなければ，「世界中の人が仲良くすることができる」し，「戦争だってなくなるはず」だと思われるが，「すべての仕事」を「同じ能力や性質を持つ人」がやらなければならなくなったら世界は成り立たない。世界は，「いろいろな人」がいるという「多様性」があって初めて成り立つのである。

問七＜漢字＞①「開拓地」は，山野，原野などを切り開いてつくられた居住地や田畑，道路のこと。②音読みは「侵食」などの「シン」。

二〔小説の読解〕出典；重松清『千代に八千代に』。

問一＜表現＞「わたし」は，ひいばあちゃんの「嫁や孫との付き合いから，老眼鏡のフレームの色かたち，おまんじゅうの食べ方に至るまで」，八千代さんのやること全てに「ケチをつける」という様子を，捕食者である「ヘビ」に，八千代さんの「いつも一言も言い返さず，しょぼんとした顔で，ひいばあちゃんのお説教を聞く」という様子を，被食者である「カエル」にたとえている。

問二＜表現＞「ぴしゃりと」は，決めつけるような強い口調で言うさま。

問三＜文章内容＞「お年寄りの足なら三十分以上かかる道のり」だから「お年寄りをたいせつに」しようと，車で送ったり迎えに来たりすることは，八千代さんの足腰を弱めてしまうことになる。ひいばあちゃんの言うとおり「歩けるうちはどんどん歩」いた方が，長い目で見ると八千代さんのためになると思われるので，「わたし」は「ひいばあちゃんの一言」を重く感じたのである。

問四＜文章内容＞「わたし」は，「あんたとしゃべってるとイライラしてしょうがない」と言うひいばあちゃんといつも一言も言い返さずにお説教を聞いている八千代さんを見て，「八千代さんは叱(しか)られどおしなのに，どうしてわざわざ遊びに来るんだろう。ひいばあちゃんだって，そんなにうっとうしいのなら『もう遊びに来ないで』と言えばいいのに，どうして八千代さんと付き合うんだろう」と，いつも不思議に思っていた。

問五＜文章内容＞トモちゃんは，教科書を忘れた「わたし」に，自分の教科書を親切そうに貸してくれるが，先生に叱られかけると，「スミちゃんが困っていたから貸してあげたんです」と言って，自分が親切であることをアピールしたり，「教科書なんかなくたって，どんな質問でも当てられたらすぐに正解を答えられる」頭のよさを見せつけたりしていた。また，ソフトボールでも「キャプテンのトモちゃんは必ずわたしをピッチャーに」して，「運動神経のないわたし」が「フォアボールを連発してピンチに」なってから「トモちゃんがリリーフに立ってバッターを三球三振に打ち取」り，自分が運動神経抜群であることを強調していた。「わたし」は，トモちゃんがいつも「わたしを引き立て役にしてる」ことを自覚していて，「ほんとうはトモちゃんって，めっちゃ意地悪」だと思っていたのである。

問六＜文章内容＞「わたし」は，「絶交して四日目」になっても，トモちゃんが「まだ謝ってこない」ことにいらだっており，「明日になっても謝ってこなかったら，マジに」タカコちゃんたちによる「トモちゃんのシカト包囲網」に加わってもいいかな，と思っていた。「わたし」は，トモちゃんが，電話をかけてきて，自分から謝ってくるのを待っていたのである。

問七＜文章内容＞「わたし」がタカコちゃんに英語の教科書を取られてしまって困っていると，トモちゃんは，「表紙に鉛筆で〈ごめんでした〉と書いて」ある自分の教科書を「わたし」に貸してくれ，しかも「忘れ物の罰で平常点を五点引かれ」ても，「わたしに教科書を貸したこと」を先生に言わなかった。トモちゃんの誠意を多少は認めた「わたし」は，とりあえず今日だけは，トモちゃんを完全に無視はせず，「バーイ」と声だけかけたのである。

問八＜文章内容＞八千代さんが寝込んだと聞いて，「これでおだぶつかもしんないよ，やだやだ辛気くさい」とまで言ったひいばあちゃんは，八千代さんの方から「千代さんに会いたい」と言ってきた途端に，「ひとを呼びつけるなんて，なにさまだと思ってんだい」などと文句を言いながらも，「そそくさと，いそいそと」見舞いに出かけていった。その態度には，意地っ張りだが，本当は八千代さんのことを心配していて，自分も八千代さんに会いたいと思っていたひいばあちゃんの本音が表れていた。「わたし」は，本当はトモちゃんと仲直りしたいのに，向こうから謝ってくるまでは，と意地を張ってしまっている自分の心理と重ね合わせて，ひいばあちゃんに今までにない親しみを覚え，ふとほほ笑んでしまったのである。

問九(1)**＜漢字＞**「若〔弱〕輩者」は，年齢が若い者，または，経験が浅く未熟な者のこと。　(2)**＜語句＞**「若〔弱〕輩者」は，自分を卑下して言う語。他人に対して使うと，軽蔑の意味になる。

問十＜漢字＞①「欠陥」は，欠けて足りないこと，不備のこと。　②「微妙」は，言葉では言い表せないほど細かく複雑なこと。

Memo

Memo

2022年度 女子美術大学付属高等学校

【英　語】（50分）〈満点：100点〉

1 次の文章を読んで、問いに答えなさい。

We all know ①that too much sugar can hurt your teeth and *cause you to *gain weight. Being too heavy can cause health problems, such as *diabetes. Today, the *average person eats about 21 kilos of sugar each year. It is definitely too much!

Why don't we stop eating too much sugar? Perhaps ②it is because many of us want sugar or we think that we need it. Some doctors think people want sugar because the milk that babies get from their (③)' bodies is sweet. So, when we eat sweet things, we feel (④) and safe. [A]

Today, too many people in the world are ⑤obese, or much too heavy. In the past 20 years, many more people have become obese. In the United States, about 36 percent of adults and 17 percent of children are obese. Is this because they eat too much sugar?

Sugar is a big part of the problem, but ⑥there are other reasons that people are obese. One reason is that people don't get enough exercise. In the past, people played more games and sports. They took walks or went dancing. Now that we have TV and computers, many people sit for hours without moving. So they eat too much sugar, and they don't get enough exercise. [B]

⑦(ア the イ problem ウ too エ eating オ biggest カ with) much sugar may be that it can cause a *disease called type 2 diabetes. Type 1 diabetes is natural — a person is born with it. In type 1 diabetes, the body cannot use its own *glucose. But type 2 diabetes is not natural. People get this disease from eating badly for many years.

(⑧) can we stop eating so much sugar? Sugar is used in many foods and drinks. For example, a soft drink can have 39 grams of sugar — that's about 13 teaspoons. Doctors say that drinking only one soft drink a day makes it possible to get unhealthy. [C]

Today, science can make *artificial sweeteners in ⑨factories. *Refined sugar and natural sugars can cause health problems for people. They can also cause people to gain weight. So, people who don't want to eat or drink sugar can use artificial sweeteners.

Many soft drinks now use artificial sweeteners. These soft drinks are sometimes called "lite" or "diet" drinks to show that they don't have sugar in them. But artificial sweeteners may be (⑩) dangerous than sugar. Some doctors think that artificial sweeteners can cause big health problems.

Another problem is that there is a lot of sugar in some foods that are not sweet, like bread and cold meats. A can of soup may have about 30 grams of sugar in ⑪it. [D]

If you get a lot of exercise and choose with care what you eat and drink, you can (⑫) healthy in a world full of sugar. ⑬Remember, with sugar, less is better!

注)

cause：引き起こす　gain weight：体重が増える　diabetes：糖尿病
average：平均的な　disease：病気　glucose：グルコース（ぶどう糖）
artificial sweeteners：人工甘味料　refined：精製した

問１　下線部①と同じ用法のthatを次の中から選び、記号で答えなさい。

ア　The woman that I saw yesterday was kind.
イ　That house next to the hospital is mine.
ウ　I have a friend that can sing well.
エ　I heard that Mike went to London last month.

２　下線部②のitが指す内容を日本語で具体的に説明しなさい。

３　空所③に入る適切な語を次の中から選び、記号で答えなさい。

ア　cows　イ　mothers　ウ　fathers　エ　doctors

４　空所④に入る適切な語を次の中から選び、記号で答えなさい。

ア　angry　イ　tired　ウ　relaxed　エ　bad

５　下線部⑤のobeseの意味として近いと思われる単語を本文の内容から考えて、記号で答えなさい。

ア　fat　イ　slim　ウ　small　エ　tall

6　下線部⑥に関して、その理由として適切なものを次の中から選び、記号で答えなさい。

ア　People watched TV and played computer games in the past.

イ　People sat for hours without moving in the past.

ウ　People take walks and go dancing now.

エ　People don't get enough exercise now.

7　下線部⑦を意味がとおるように（　　）内の語を並べかえて、２番目と４番目にくる語を記号で答えなさい。ただし、文頭にくる語も小文字になっています。

⑦（ア the　イ problem　ウ too　エ eating　オ biggest　カ with）much sugar may be that it can cause a disease called type 2 diabetes.

8　空所⑧に入る適切な語を次の中から選び、記号で答えなさい。

ア　What　　イ　Who　　ウ　How　　エ　Which

9　下線部⑨が何をする場所かを説明している英文として適切なものを次の中から選び、記号で答えなさい。

ア　Many people live there.

イ　People use machines and make goods there.

ウ　Many people enjoy shopping there.

エ　People drink and eat there.

10　空所⑩に入る適切な語を次の中から選び、記号で答えなさい。

ア　much　　イ　little　　ウ　many　　エ　more

11　下線部⑪のitが指す具体的な語句を英語で抜き出しなさい。

12　空所⑫に入る語として適切なものを次の中から選び、記号で答えなさい。

ア　do　　イ　have　　ウ　be　　エ　make

13　下線部⑬とほぼ同じ意味になる英文を次の中から選び、記号で答えなさい。

ア　Don't forget. If you have a lot of sugar, it's better for your health.

イ　Don't forget. If you don't have much sugar, it's better for your health.

ウ　Don't forget. If you have more sugar, it's not bad for your health.

エ　Don't forget. If you have less sugar, it's not good for your health.

14　本文中にある１型糖尿病と２型糖尿病の説明として適切なものを次の中から選び、記号で答えなさい。

ア　１型糖尿病は生まれつきのもので、２型糖尿病は好ましくない食生活によるものである。

イ　１型糖尿病は好ましくない食生活によるもので、２型糖尿病は生まれつきのものである。

ウ　１型糖尿病と２型糖尿病は両方とも生まれつきのものである。

エ　１型糖尿病と２型糖尿病は両方とも好ましくない食生活によるものである。

15　本文中にある人工甘味料の説明として適切なものを次の中から選び、記号で答えなさい。

ア　砂糖を取りたくない人たちは人工甘味料も使わない。

イ　人工甘味料はダイエットには効果がない。

ウ　人工甘味料は健康に問題を引き起こすと考える医者もいる。

エ　人工甘味料は取り過ぎなければ体に悪くない。

16　So you can get too much sugar without eating dessert!　という英文が本文から抜けていますが、これは本文中の空所A, B, C, Dのどこに入りますか。記号で答えなさい。

17　本文の内容と一致するものを次の中から２つ選び、記号で答えなさい。

ア　平均的な人は毎年39キロの砂糖を摂取している。

イ　アメリカでは、約17％の大人と36％の子供が糖尿病になっている。

ウ　精製した砂糖や天然の砂糖を取ることは体重の増加につながる。

エ　テレビやコンピュータが普及したことは健康には関係がない。

オ　甘い食べ物以外にもたくさんの砂糖が含まれている。

2 次の（　　）内に適切な語を入れて、英文を完成させなさい。

1　The color of milk is (　　).

2　How long does (　　) take from here to the station?

3　The day before Sunday is (　　).

4　Why did Kumi go to Italy? — (　　) study art.

5　I have lived in Tokyo (　　) I was born.

3 次の各文の（　　）内から適切な語を選び、記号で答えなさい。

1　(ア Who　イ Whose　ウ Which) bag is this? — It's my mother's.

2　Your brother plays soccer very well, (ア does　イ don't　ウ doesn't) he?

3　When we buy stamps, we usually go to a (ア hospital　イ library　ウ post office).

4　(ア Look　イ Watch　ウ See) at that house! It's very big!

5　I have been to New York (ア two　イ second　ウ twice).

4 次の各組の文がほぼ同じ意味になるように、（　　）内に適切な語を入れなさい。

1　{ This story is interesting.
　　This is (　　) (　　) story.

2　{ He cooks well.
　　He is (　　) (　　) cooking.

3　{ Hokusai drew this picture.
　　This picture (　　) (　　) by Hokusai.

4　{ I like not only summer but also winter.
　　I like (　　) summer (　　) winter.

5　{ I hope that you will do your best.
　　I want (　　) (　　) do your best.

5 A : B = C : Dの関係が成り立つように、Dに入る語を答えなさい。

	A	:	B	=	C	:	D
1	famous	:	more famous		pretty	:	(　　)
2	bird	:	fly		fish	:	(　　)
3	music	:	musician		run	:	(　　)
4	girl	:	daughter		boy	:	(　　)
5	rose	:	flower		dog	:	(　　)

6 次の各文の（　　）内の語を適切な形になおしなさい。

1 The vegetables (sell) at the store are fresh.

2 This is not your pen. It's (he).

3 We (try) to move the desk, but it was too heavy.

4 Thank you for (tell) me the truth.

5 I was (surprise) at the news.

7 1と2は、日本語の意味になるように、（　　）内の語（句）を並べかえなさい。

3と4は、日本語の意味になるように、（　　）内に適切な語を入れ、英文を完成させなさい。

5と6は、英語になおしなさい。

1 長い髪のその少女はリサです。

The girl（ hair / has / who / long / is ）Lisa.

2 ピアノの弾き方を私に教えてくれますか。

Can you（ to / how / the piano / show / play / me ）?

3 その絵はとても美しかったので、彼女は何も言えませんでした。

The painting was（　　）beautiful（　　）she（　　）not say anything.

4 私にとって、そのタブレットを使うことは楽しいです。

（　　）is exciting（　　）me（　　）use the tablet.

5 英語は多くの国々で話されます。

6 私に何か温かい飲み物をください。

【数　学】（50分）〈満点：100点〉

1 次の各問いに答えなさい。

(1)　$-3^2-(-2)^3+(-4)^2$　を計算しなさい。

(2)　$\left(\frac{4}{3}x^3y\right)^2\div\left(-\frac{2}{9}x^3y^2\right)$　を計算しなさい。

(3)　$\frac{10}{\sqrt{50}}-\frac{3}{\sqrt{18}}+\sqrt{72}$　を計算しなさい。

(4)　$\frac{5x+y}{4}-\frac{x+5y}{12}$　を計算しなさい。

(5)　$c=\frac{5}{9}f-\frac{160}{9}$　を f について解きなさい。

(6)　$3x^2-24x+48$　を因数分解しなさい。

(7)　x についての２次方程式　$(x-2)^2=(5x+2)(x-2)$　を解きなさい。

(8)　右の図で、５点Ａ、Ｂ、Ｃ、Ｄ、Ｅは円Ｏの円周上の点で、$\overset{\frown}{AB}:\overset{\frown}{BC}=3:2$、$\overset{\frown}{BC}:\overset{\frown}{CD}=1:2$ です。直径ＢＥとＡＤの交点をＦとします。$\angle CED=44°$ のとき、$\angle AFB$ の大きさを求めなさい。

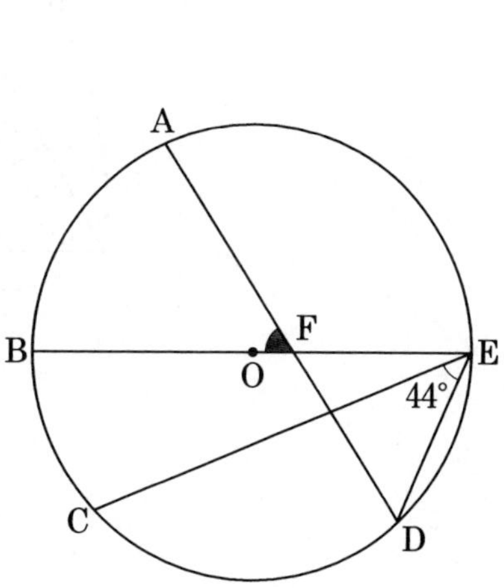

(9)　次の文章の中から正しいものをすべて選び、アルファベット順に答えなさい。

(a) 自然数とは、0 以上の整数のことである。

(b) 3 辺の長さの比が、$1:1:\sqrt{2}$ の三角形は直角二等辺三角形である。

(c) $-\sqrt{3}$ は -1.5 より大きい。

(d) 半円の弧に対する中心角は 90° である。

(e) 立方体の 1 つの平面に対して垂直な辺の数は 4 本である。

(10)　5 枚の硬貨を同時に投げたときに、3 枚表が出る確率を求めなさい。

(11)　次の図形を、直線 ℓ を軸として 1 回転させてできる回転体の体積を求めなさい。

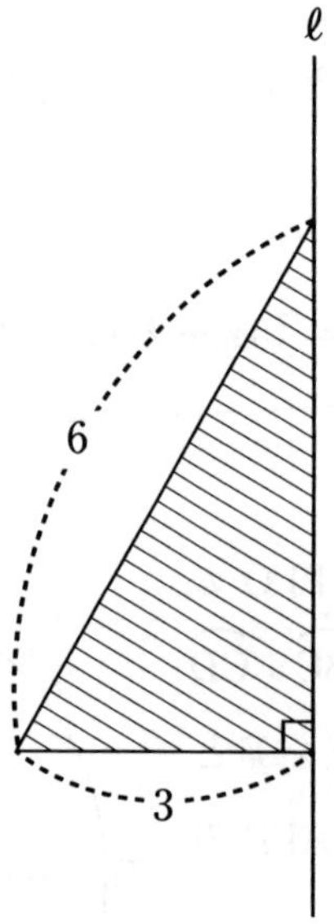

2 ある中学校の家庭科の授業では、二酸化炭素の排出量の削減を目標にA、Bの２つの取り組みを生徒が考え１か月間実行しました。Aは、家庭でのテレビの視聴時間を１日１時間短くするという取り組みで、１人の取り組みで１か月に削減できる二酸化炭素の排出量は 1.1kgです。Bはエアコンの使用時間を１日１時間短くするという取り組みで、１人の取り組みで１か月に削減できる二酸化炭素の排出量は 0.9kgです。中学校の全生徒 100 人のうち、10 人の生徒がAとBの両方の取り組みを、残りの生徒がどちらか一方の取り組みを選んで実行した結果、1 か月間に削減できた二酸化炭素の排出量は合わせて 108kgでした。

(1)　Aだけを取り組んだ生徒を x 人、Bだけを取り組んだ生徒を y 人として式を立てました。次の空らん㋐、㋑、㋒、㋓、㋔にあてはまる数を答えなさい。

$$\begin{cases} x+y=\boxed{㋐} \\ \boxed{㋑}x+\boxed{㋒}y+\boxed{㋓}=\boxed{㋔} \end{cases}$$

(2)　Aの取り組みで削減できた二酸化炭素の排出量を求めなさい。

3 下の図において、放物線 $y=ax^2$ 上に２点A、Bがあります。点Aの座標は$(-2, -2)$、点Bの x 座標は４とします。直線BO上に、BO:OC＝2:3 となるように点Cをとりました。このとき、次の問いに答えなさい。

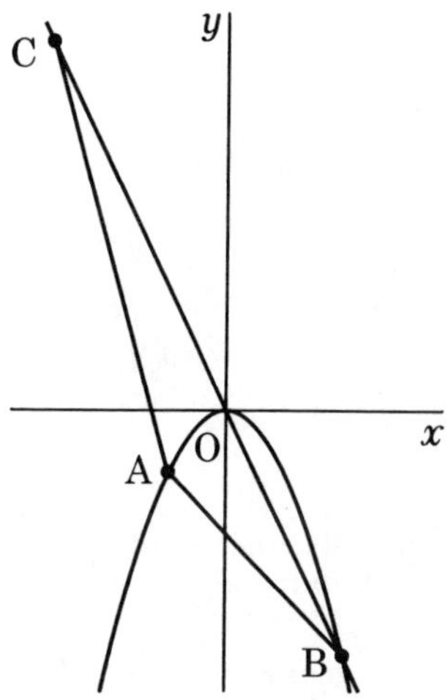

(1)　a の値を求めなさい。

(2)　直線BOの式を求めなさい。

(3)　点Cの座標を求めなさい。

(4)　△ABCの面積を求めなさい。

(5)　△ABCにおいて、点Aから辺BCに垂線を下したときの交点をHとするとき、線分AHの長さを求めなさい。

4 下の図のように、円Oの円周上に3点A、B、Cがあり、線分BCは円Oの直径になっています。点Oを通り、線分ABに平行な直線と円Oとの交点を、図の通り点D、Eとします。線分BE、DEと、線分ACとの交点をそれぞれF、Gとするとき、次の問いに答えなさい。

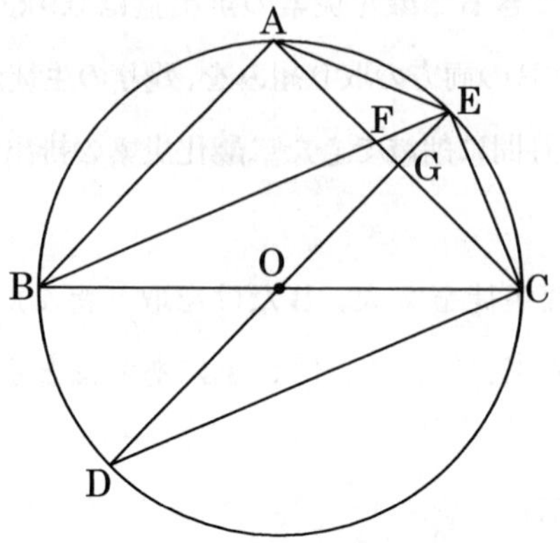

(1) △ABFと△GAEが相似であることを証明しなさい。

(2) ∠EBC＝23°のとき、∠AECの大きさを求めなさい。

問六　═線「顔を出している」とありますが、ここで用いられている表現技法を何といいますか。最も適切なものを次から選び、記号で答えなさい。

ア　直喩法　　イ　暗喩法　　ウ　擬人法　　エ　体言止め

問七　文中の[3]に入る最も適切な言葉を、文中から探し、抜き出しなさい。

問八　──線D「『最近、どがんね？』」とありますが、なぜ多田先生は葉月にこのように言ったのですか。説明しなさい。

問九　──線E「葉月はうんざりして、力任せにドアノブをひいた」とありますが、葉月は何に「うんざり」したのですか。最も適切なものを次から選び、記号で答えなさい。

ア　梨奈がクラリネットで調子はずれの音を出していること。
イ　梨奈や百合香が、葉月の悪口を多田先生に言っていること。
ウ　一人が好きなのに、ふたり一組の相部屋になっていること。
エ　多田先生の言葉から浮かぶつまらない思考が、頭から離れないこと。

問十　──線F「『友達やなか』」とありますが、このときの葉月はどのような気持ちから「友達やなか」と言ったのですか。説明しなさい。

問二　文中の［1］に入る最も適切な接続語を次から選び、記号で答えなさい。

ア　そして　　イ　だから　　ウ　しかし　　エ　さらに

問三　――線B「葉月は反対側の出口から、さっさと教室をひきあげた」とありますが、このときの葉月の気持ちとして最も適切なものを次から選び、記号で答えなさい。

ア　次の実習の授業に遅れたくない。
イ　百合香と梨奈の振る舞いが不快だ。
ウ　テストに向けて早く一人で勉強したい。
エ　多田先生になれなれしい態度を取る梨奈がねたましい。

問四　文中の［2］に入る最も適切な言葉を次から選び、記号で答えなさい。

ア　うっとうしい　　イ　しらじらしい　　ウ　もどかしい　　エ　やかましい

問五　――線C「ただそれだけのことなのだけれど、教科書を読んだり講義を聞いたりするよりも、なんというか、しっくりと腑に落ちるのだ」とありますが、「しっくりと腑に落ちる」とはどのようなことですか。ここでの意味を文中から十七字で探し、抜き出しなさい。（句読点等を含む）

おそらく今までの人生で何回も、いや何十回、もしかしたら何百回も、梨奈はこのしぐさを繰り返してきたのだろう。厄介なことが持ちあがるたび、ちゃっかり他人の助けを借りて、要領よく切り抜けてきたのだろう。

F「友達やなか（友達じゃない）」

とっさに、声が出ていた。

「うわあ、ひどか。そがん冷たいこと言わんで」

言葉とはうらはらに、梨奈はへらへらと笑っている。葉月は唇をかみしめた。

――『女神のサラダ』瀧羽　麻子　より　――
光文社　刊

注1　花卉……………花の咲くこと。
2　詮索…………細かいところまで探ること。
3　圃場…………畑などの農作業をするところ。
4　畝……………野菜の種をまいたり苗を植え付けたりするところ。
5　馬鈴薯………じゃがいものこと。
6　一瞥…………ちらっと見ること。

問一　――線A「葉月は返事をする気にもなれなかった」とありますが、なぜ「返事をする気」になれなかったのですか。説明しなさい。

あっ、とそこで声を上げそうになった。ちゃぶ台を見やる。スケッチブックが、置きっぱなしになっていた。

食後、大浴場に行くまでの間に、夕方描いたそらまめの絵に少しだけ手を入れたのだ。梨奈はたいてい消灯ぎりぎりまで部屋には戻ってこないから、ゆだんしていた。

いつのまにかクラリネットはやんでいた。様子をうかがっていたらしい梨奈と目が合う。

「絵、うまかねえ。知らんかった」

梨奈がにっこりした。葉月はかろうじて声をしぼり出した。

「勝手に見んでよ」

「そがん目につく（そんなに目につく）とこさ、ぽんと置いてあったとよ。見ていいってことかなって思うさね」

梨奈はしゃあしゃあと言ってのける。

「ていうか、隠す必要なかやろ。めちゃくちゃうまかけん。うちやったら（私だったら）、みんなに自慢しまくるばい」

わたしはあんたとは違う。なにからなにまで違う。一緒にせんで（一緒にしないで）。

こみあげてくる言葉をなんとか飲み下し、葉月はスケッチブックをつかんでクローゼットにつっこんだ。その間も、梨奈は明るく喋（しゃべ）り続けている。

「あ、そういえば、園芸概論の小テストなんやけど。多田ちゃん、持ちこみオッケーにしてくれたと。でもさ、自筆のノート限定って言いよらすとさ（おっしゃるんだってさ）」

ビニールハウスで対面した多田先生の深刻な顔つきが、葉月の目の前にちらついた。

「週末にがんばれば写しきれるね？　心配せんでよかよ（心配しなくていいよ）、もちろんノートはすぐ返す。コピーばとらせてもろて、そっち写すけん」

梨奈は最初からこの話がしたかったのだろう。だから珍しく部屋で葉月を待ちかまえていたのだ。どうにか気持ちをほぐそうと、わざとらしく絵をほめそやしてもみせた。完全に逆効果になったわけだけれども。

梨奈がするすると二段ベッドから降りてきた。ぱちんと手を合わせ、小首をかしげて、上目遣いで葉月の顔をのぞきこむ。

「ね、お願い。友達どうし、困ったときは助けあわんと」

多田先生が意を決したように顔を上げて、葉月を正面から見た。

「梨奈や百合香と、うまくやれとるか？」

つかのま、言われている意味がのみこめなかった。

「いや、あの……授業ば終わった後、ノートさ貸すとか貸さんとか、もめとるごと聞こえよったけん（聞こえてきたから）……ちょっと気になって……」

つっかえつっかえ、先生は続けた。葉月の頬（ほお）がかっと熱くなった。

「大丈夫です」

きっぱりと答え、先生を残してハウスの外へ走り出た。

夕食の間も、その後の入浴中も、多田先生の言葉は葉月の頭から離れなかった。

ひょっとしたら、梨奈や百合香から葉月の悪口を聞かされたのだろうか。梨奈はともかく、百合香の毒舌は容赦ないから、心配になってもおかしくない。ふたりを下の名前で呼んでいたくらいだし、それなりに親しいのだろう。内気そうな多田先生は、学生に軽々しくまとわりつかれるのは迷惑なのかと思っていたが、そういうわけでもないのかもしれない。

大浴場の湯船につかって考えをめぐらせているうちに、くらくらしてきた。ぬるいシャワーを頭からざっと浴び、つまらない思考も洗い流す。先生が百合香たちと仲がよかろうが、葉月についてどんな話を聞かされていようが、別にどうでもいい。

浴場から部屋まで戻ってきたら、ドアの向こうから不吉な音が聞こえた。E葉月はうんざりして、力任せにドアノブをひいた。

梨奈が二段ベッドの上段であぐらをかいて、クラリネットを吹いていた。指使いは危なっかしく、高音は情けなくかすれ、旋律もひどく間延びしている。まだ初心者とはいえ、もうちょっとなんとかならないものだろうか。

梨奈は二段ベッドの上から葉月を一瞥（いちべつ）[注6]し、手もとに視線を戻した。息継ぎに失敗したのか、調子はずれな音がもれる。

こういう傍迷惑（はためいわく）な趣味でなくてよかったと葉月はつくづく思う。絵は誰にも知られず、静かに描ける。

て新しい茎が育つ。遠目には七夕の笹（ささ）のようにも見える、この親茎（おやくき）の根もとに目を落とせば、若い芽が土からにょきにょきと顔を出している。こちらは見慣れたかたちをしている。ふだん食べている、アスパラガスである。放っておくと、ぐんぐん伸びて擬葉がついてしまうので、親茎以外は頃合を逃さずに刈りとらなければならない。アスパラガスは成長が非常に速く、夏場の最盛期には朝晩で二回も収穫する場合もあるそうだ。

そろそろ夕食の時間だ。寮へ戻らなければと考えながらも、葉月は畝と畝の間にかがんだ。スケッチブックごと、膝を抱える。なんだか妙に落ち着く。

「坂本（さかもと）？」

背後から声をかけられて、尻（しり）もちをつきそうになった。

「また描きよらしたんか（描いていらしたのか）」

振り向いた葉月を見下ろして、多田先生は言った。

先生とは前にも一度、絵を描いているときに出くわしたことがある。上手やねえ、としきりに感心されて照れくさかった。彼は梨奈なんかと違って、心にもないおせじを口にできるほど器用ではない。

「はい」

アスパラガスに囲まれた先生と向きあってみて、似てる、と葉月はひそかに思う。男性にしては長めの、細くてやわらかそうな髪といい、のっぽでひょろひょろとやせた体つきといい、多田先生は［ 3 ］にちょっと似ている。

当の先生は、まだ葉月のスケッチブックに視線を注いでいる。どことなく、もの言いたげな表情だ。絵を見たいのだろうか。自作をみせびらかすのは好きじゃないけれど、多田先生になら見てもらってもいい。この間もあんなに感動してくれた。おいもこいくらい描けたらよかけど（おれもこれくらい描けたらいいけど）、と嘆息もされた。先生の板書では、みかんと注5馬鈴薯（ばれいしょ）を見分けるのも難しいのだ。

葉月がスケッチブックを開こうとしたとき、先生がぼそぼそと言った。

D「最近、どがんね（最近、どうだ）？」

「はい？」

葉月は手をとめ、聞き返した。最近もなにも、先生とは毎日のように授業で顔を合わせている。

いく。豆類のさやはたいがい下向きにつくのに、そらまめだけはなめ上へ向かって、空を見上げるようにつく。それが名前の由来らしい。小さいうちは枝豆のようにも見えるが、熟すにつれてどんどんふくらみ、重みで下へたれさがってきたら収穫の頃合である。

せっせとはさみを動かしながら、描きたいな、とふと思った。そらまめはもうじき旬が終わってしまうから、その前に描いておきたい。

入学以来、構内に植えてある種々の野菜をスケッチするのが、葉月の息抜きになっている。人目のない時間帯をみはからっているので、ほとんど誰にも知られていないはずだ。スケッチブックも、梨奈の目につかないように、自分のクローゼットの奥にしまってある。梨奈のことだから、無遠慮に詮索(注2 せんさく)してくるだろう。たいして興味もないくせに、すごかすごか（すごいすごい）と口先だけでほめられるのも 2 。

放課後、葉月はスケッチブックを持ってビニールハウスへ向かった。

圃場(注3 ほじょう)はひっそりと静まり返っている。人影がないか、念のため周囲を見回してから、そらまめのハウスに入った。

子どもの頃から、絵を描くのは好きだった。ひまさえあれば、実家の店の片隅で、売りものの野菜や果物をスケッチした。きゅうりの独特な曲線にも、すいかの縞(しま)模様にも、おおいに絵心を刺激された。幼稚園や小学校でも、他の子がくまだのうさぎだのお姫様だのを描いている横で、りんごやほうれん草やにんじんを描いた。

授業中に目をつけておいた苗を探しあて、畝(注4 うね)の狭間(はざま)に膝(ひざ)をつく。

絵を描いていると、その野菜をまるごと、より深く理解できるような気がしてくる。ごぼうの葉がどんなかたちか、小松菜が何色の花をつけるのか、実際に自分の目で見て、手で描く。Cただそれだけのことなのだけれど、教科書を読んだり講義を聞いたりするよりも、なんというか、しっくりと腑(ふ)に落ちるのだ。

今のところ、最も思いがけない姿をしていたのは、アスパラガスだ。

葉月はそらまめを描き終えてから、隣のビニールハウスものぞいた。一歩足を踏み入れるなり、鬱蒼(うっそう)と茂った緑で視界が塗りつぶされる。森のようだ、といつも思う。

葉月の背丈ほどもあるアスパラガスの苗が、無数に並んでいる。まっすぐな茎にびっしりと生えた、ふさふさした細い葉のようなものは、葉ではなく擬葉(ぎよう)と呼ばれる枝の一種だと実習で教わった。ここで光合成が行われ、その養分によっ

葉月に限らず、同級生の男子にも、教師にも、梨奈は無邪気に近寄っていく。好かれて当然、受け入れられて当然、とばかりに、ひとなつこい笑みを振りまいて。

「あっ、多田せんせ、待って待って」

教室を出ていこうとしていた先生を、梨奈が追いかけていった。同級生にするように、シャツの袖をぐいぐいとひっぱってひきとめている。

「テスト、どのへんば出ます?」

「来週って突然すぎません? せめて持ちこみ可やないと」

百合香も加勢する。

ふたりの女子学生に左右から挟まれて、多田先生は居心地悪そうにもじもじしている。授業は聞き流され、テストをしようとしたら責められ、教師というのも大変な職業だ。

B葉月は反対側の出口から、さっさと教室をひきあげた。

二限目は実習だった。講義と違い、原則として学科ごとに受ける。野菜学科を指導するのは引き続き、多田先生である。

二十人の学生が、畑の整備をする班と野菜を収穫する班の二手に分かれた。葉月は収穫班だった。玉ねぎ、トマト、ごぼう、にんにくなど、十種類近い初夏の野菜は、授業の後に校門の傍(かたわ)らにある直売所に並べる。鮮度抜群かつ格安の農作物は近隣でも評判で、週に二度の営業日には主婦たちの行列ができる。

葉月はそらまめの担当になった。はさみとプラスチックのかごを手に、ビニールハウスに入る。陽ざしをたっぷり浴びたハウスの中は、むわっと熱気がこもっている。

「うわ、暑っ」

「やべ、もう汗ば出てきよる」

男子がくちぐちに悲鳴を上げる。文句を言いながらも、一限の授業中よりも目に見えて生き生きしている。多田先生さえ、心なしか顔色がいい。

そらまめの苗は、葉月の腰のあたりまで伸びている。さやのつけねに、茎を傷つけないよう注意深くはさみを入れて

「来週、テストばやりよらすと（テストをされるんですって）。多田ちゃん、優しかごと（優しいように）見せかけて意地が悪かね」

黒板を消している多田先生の背中を、百合香が恨めしげににらんだ。聞こえよがしな大声は、先生の耳にも届いているだろう。

「うそ、やばか。今日の授業、ほとんど聞いとらんかった」

今日だけやなか、毎回さね、と葉月が心の中で毒づいたのとほぼ同時に、梨奈がくるりと振り向いた。

「ねえ葉月ちゃん、ノートば貸してくれんと？　成績悪いと親に怒られるけん」

甘えた声を出し、葉月の顔をのぞきこんでくる。A葉月は返事をする気にもなれなかった。成績を気にするんだったら、はなからきちんと授業を聞けばいい。

入学当初は、百合香やつぐみも葉月にあれこれ話しかけてきた。部屋に集まってお菓子を食べようとか、週末に長崎市街へ遊びにいこうとか、誘われもした。仲間に入れてあげなければという、親切心だか使命感だかに刺激されてのことだろう。当の葉月は、仲間に入れてほしいなんてちっとも望んでいないのに。

まったく気が合いそうにないのは、向こうもわかっているはずだ。そもそも、葉月がここにいるのは農業について学ぶためであって、友達と遊ぶためではない。そこからして彼女たちとは違う。変に気を遣って無理やり仲良くするよりも、放っておいてもらったほうがありがたい。葉月にとっては、ひとりでいるのが楽なのだから。

こういう人間もいるのだと、なぜか彼女たちは理解してくれない。ひとりぼっちでいるなんて、みじめでかわいそうなことだと信じている。

小学校でも、中学校でも、なにかとかまってくる子たちはいた。葉月はひとりでいたいからひとりでいるのに、そうではないと決めつけて、あるいは決めつけた教師にうながされて。彼らに手をさしのべられるたびに、葉月はげんなりしたものだ。

百合香たちの度重なる誘いを、葉月は丁重に断り続けた。そのうち声はかからなくなった。今は、すれ違えば挨拶をかわすくらいの距離を保っている。 1 梨奈だけは、いまだになれなれしい。平日の放課後は百合香たちと過ごしているようだし、週末は欠かさず実家へ帰っていくので、あまり自室にはいないのがせめてもの救いだ。

二　次の文章を読んで、後の問いに答えなさい。

タオルを肩にかけ、歯ブラシとコップを持って、廊下に出る。居室のドアが等間隔に並んでいるつきあたりに、共同の洗面所がある。

「おはようございます」

「おはよう」

すれ違う先輩たちは、葉月(はづき)と同じくTシャツに短パン、もしくはジャージの上下といった部屋着姿で、一様に眠たげな顔つきをしている。

洗面所には誰もいなかった。葉月は少しほっとして、四つ並んでいる蛇口の、一番奥のひとつをひねった。入学してひと月半が経(た)ち、共同生活にも慣れてきたとはいえ、他人のいる前で歯を磨いたり顔を洗ったりするのはいまだに落ち着かない。

農業大学校に通うにあたって、葉月が最も気がかりだったのは、全寮制(ぜんりょうせい)というところだった。しかも、原則としてふたり一組の相部屋なのだ。

この春に入学した一年生のうち、女子は四人しかいない。葉月が野菜学科、梨奈(りな)が果樹学科、百合香(ゆりか)は[注1]花卉(かき)学科でつぐみが畜産(ちくさん)学科と、専攻はきれいに分かれている。

梨奈と百合香とつぐみは、とても仲がいい。

多田(ただ)先生が野菜ごとの年間栽培計画を板書し終えたところで、チャイムが鳴りはじめた。

「そいじゃ、今日はここまで」

教科書をぱたんと閉じて、ついでのように言い添える。

「次回は小テストばするけん、復習しとくように」

けだるい静けさの漂っていた教室が、にわかにざわめいた。梨奈がむくりと体を起こし、まぶたをこすった。

「なになに？　どがんした（どうしたの）？」

問四　――線B「それには、相手がキャッチできるようにボールを投げなければなりません」とありますが、「相手がキャッチできるようにボールを投げ」るとは、どのようなことですか。文中から抜き出しなさい。

問五　――線C「その言葉を受け取る相手のことまで考えている人はあまり多くないでしょう」とありますが、「言葉を受け取る相手のことまで考えている」と反対の内容を表している部分をこれより前の文中から二十六字で探し、初めと終わりの五字をそれぞれ答えなさい。（句読点等を含まない）

問六　――線D「そんな多様性を大事にする社会では、相手の身になる力がないと生き抜くことができないと僕は思っています」とありますが、「多様性を大事にする社会」において「相手の身になる力」があることにより、どのようなことができますか。説明しなさい。

問七　――線①・②・④・⑤のカタカナを漢字に直し、――線③の漢字の読みをひらがなで答えなさい。

の身になる練習を始めましょう。

――『相手の身になる練習』鎌田　實　より――
小学館　刊

注1　横柄……………おごり高ぶって人を見下すさま。
2　危惧（する）……悪い結果になるのではないかと心配しおそれること。

問一　文中の［1］・［2］には、同じ言葉が入ります。その言葉を文中から四字で探し、抜き出しなさい。

問二　文中の［3］に入る最も適切な言葉を次から選び、記号で答えなさい。
ア　満足　　イ　反論　　ウ　想像　　エ　信用

問三　――線A「ないがしろにされてしまう」とありますが、ここでの「ないがしろにされる」の用法として最も適切なものを次から選び、記号で答えなさい。
ア　誰からもないがしろにされる兄は、どこへ行っても人気者だ。
イ　幼い娘は道に迷ってしまい、ないがしろにされたように泣き出した。
ウ　今までないがしろにされたことがない私は、人前に出ると緊張してしまう。
エ　本気で話しているのに、一人も話を聞いてくれず、ないがしろにされた気分だ。

ネットやSNSによる言葉の暴力は24時間どこにいても続くので、逃げ場がありません。しかも何がきっかけでターゲットにされるかわからない。大人も子どもも、そんな生きづらい社会に生きています。

誤解のないように言いますが、僕はSNSが悪いと言っているわけではありません。SNSという難しいコミュニケーションツールを使いこなすには、もっと相手の身になる力を身につけなければ、SNSという道具に振り回されてしまうと言いたいのです。

相手の身になるということは、相手に興味をもつということです。自分のほうから興味をもつと、たいていは相手もこちらに興味をもってくれます。それがきっかけで、お互いに話ができたり、わかり合えたりします。そう、相手の身になることは、人と仲よくなる近道なのです。

人にアピールする特技やすぐれたところがないと、友だちはつくれないのではないか。そんなふうに自信をもてないでいるかもしれませんが、それは大きな誤解です。自分のほうから相手に興味をもつこと、そして、相手の身になってみることで、人との距離を縮めることができるのです。

相手の身になるということは、自分とは違う考え方、知らなかったことと出合うことでもあります。視野が広がり、自分が思っている「あたりまえ」があたりまえではないことにも気づかせてくれます。世の中にはいろんな考え方がある、常識は一つじゃないと気づくことは、人間として豊かに成長していく上で欠かすことができません。

これから多様性の時代になるといわれています。多様性とは、いろんな個性、いろんな考え方をもった人たちが、それぞれ認め合いながら一緒に生きていくこと。Dそんな多様性を大事にする社会では、相手の身になる力がないと生き抜くことができないと僕は思っています。

現代は、コンビニがあり、ネットで世界中の人とつながることもでき、ある程度、条件が整えば一人でも生きていける仕組みになっています。自分のことだけ考えて生きていくことも可能かもしれません。しかし、それだけでは幸せに生きられない。一人だけでは心が満たされないことに、みんなが気づき始めています。

相手の身になる力は、人とかかわりながら、だんだんと身についていきます。その大切さに気づくことができれば、もっともっと伸ばしていくこともできるでしょう。今まで何となく見過ごされてきた、古くて新しい「相手の身になる力」。新しい自分を発見するために、「生きづらさ」を解消するために、人や社会とつながって生きていくために、相手

言っていても、その人が踏ん反り返って横柄(注1 おうへい)な態度でいたら、何か[3]ができないと感じてしまうのは、そのためなのです。

SNSでのコミュニケーションのほとんどは、言葉に偏っています。どういう気持ちが込められているのか、細かなニュアンスを文字から読み取るのは、けっこう難しいもの。人によってはまったく逆の受け取り方をしてしまうこともあるでしょう。相手の姿が見えないところで相手の身になるというのは、もともと難しいことなのです。

さらにコロナ時代になって、オンラインでのコミュニケーションが一気に進みました。画面越しに顔を見て会話ができたとしても、やはり直接会って話をするのとは違って、相槌(あいづち)がぶつかったり、間合いが取れなかったり、何となく話がかみ合わないような感じがします。特に、初めて話す人はストレスを感じるでしょう。こうしたオンラインでのやりとりは、コロナ後もある程度続いていくことが予想されます。

すると、今後も、SNSやオンラインでの発信力のあることが重視され、そうした能力をもった人が競争社会でも有利になっていくことは間違いありません。そうすると、ますます相手の身になる力がAないがしろにされてしまうのではないか。僕はこれをとても危惧(注2 きぐ)しています。

コミュニケーションは、キャッチボールです。ボールを投げて取る、取っては投げる、この繰り返しで相手のことが少しずつわかってきたり、相手と自分の関係性が出来上がっていきます。Bそれには、相手がキャッチできるようにボールを投げなければなりません。つまり、相手の身になって、相手に伝わるように話すことが必要になります。

けれども、SNSを中心にした現代のコミュニケーションは、キャッチボールではなく、自分がいかにすばらしいボールを投げるかに終始しているように思えます。もともと不特定の相手に発信するSNSでは、誰(だれ)にボールを投げているのかさえあいまいです。

自分が発した言葉に、誰かが「いいね」を返してくれたら、自分という存在も認められたような気分になります。この気持ちは僕もわかります。自分の言葉をわかってくれる人、賛同してくれる人の存在はとてもうれしい。そして、もっとおもしろいこと、もっと過激なことを書いてやろうというふうにエスカレートしていきます。ある意味楽しい気分になりますが、Cその言葉を受け取る相手のことまで考えている人はあまり多くないでしょう。

つらいのは、暴走する言葉をもろに投げつけられた人たちです。

二〇二二年度 女子美術大学付属高等学校

【国　語】〈五〇分〉〈満点：一〇〇点〉

一　次の文章を読んで、後の問いに答えなさい。

幼稚園や小学校で、友だちと仲よく遊んだりするとき、「相手の身になりましょう」と言われたりします。けれど、そのことの大切さをよく考えたり、毎日の生活のなかで①ジッセンできているかどうかというと、疑問が残ります。現代の社会は、意識して［ 1 ］になろうとしなければ、［ 2 ］にならなくても済んでしまう仕組みになっているからです。

一つは、競争社会という仕組みです。結果を出すことを問われる成果主義の現代社会では、まず自分が勉強して資格を取得したり、いい大学に入ったり、一生懸命働いてある成果を出すことが求められます。こうした社会を生き抜くには、相手のことなんて考えないほうがいいと言う人もいます。相手のことなんて心配していたら、競争に勝てないばかりか、自分が②ソンしてしまうという思い込みも広がっています。

もう一つは、言葉に③偏ったコミュニケーション社会という仕組みです。今の若い人たちは、僕が若いころと比べると話が上手で、話題が豊富、発信力がある人が多いように感じます。すばやく反応して、文章を短くおもしろくまとめたりする力は、SNSで鍛えられているのでしょう。気のきいた話で、周囲をクスッと笑わせることができる人は人気者。子どもたちの世界の〝スクールカースト〟でも上位に④クンリンできているのは、そういう人かもしれません。けれど、こうしたウケることを重視したコミュニケーションの⑤カゲで、自分の言葉をもつということと、相手の身になるという力は忘れがちになっているように思います。

そもそもコミュニケーションとは、言葉だけではありません。言葉はコミュニケーション全体のたったの7％といわれています。残りの93％は、声の調子、顔の表情、視線、しぐさ、態度といった言葉以外のもの。僕たちは言葉そのものより、言葉以外のものからずっと多くを受け取って、コミュニケーションをとっているのです。どんなにいいことを

2022年度／女子美術大学付属高等学校

英語解答

1
1 エ
2 (例)私たちがあまりにも多くの砂糖を食べるのをやめないこと
3 イ　4 ウ　5 ア　6 エ
7 2番目…オ　4番目…カ　8 ウ
9 イ　10 エ
11 A can of soup　12 ウ
13 イ　14 ア　15 ウ　16 D
17 ウ，オ

2
1 white　2 it　3 Saturday
4 To　5 since

3
1 イ　2 ウ　3 ウ　4 ア
5 ウ

4
1 an interesting　2 good at
3 was drawn　4 both, and
5 you to

5
1 prettier　2 swim
3 runner　4 son　5 animal

6
1 sold　2 his　3 tried
4 telling　5 surprised

7
1 who has long hair is
2 show me how to play the piano
3 so, that, could
4 It, for, to
5 (例) English is spoken in many countries.
6 (例) Please give me something hot to drink.

1〔長文読解総合―説明文〕

≪全訳≫**1**私たちはみんな，砂糖をとりすぎると歯が痛くなったり，体重増加を引き起こしたりする可能性があることを知っている。体重が重すぎると，糖尿病のような健康の問題を引き起こす可能性がある。今日，平均的な人々は毎年約21キロの砂糖を食べている。それは明らかに多すぎだ。**2**なぜ私たちはあまりにも多くの砂糖を食べることをやめないのだろうか。たぶんそれは私たちの多くが砂糖を欲しがっているか，私たちが必要だと思っているからだ。人々が砂糖を欲しがるのは，赤ん坊が母親の体から得るミルクが甘いからだと考える医者もいる。だから，私たちは甘いものを食べると，リラックスし，安全だと感じるのだ。**3**今日，世界のあまりに多くの人々が肥満，つまり体重が重すぎる。過去20年間で，ずっと多くの人々が肥満になっている。米国では，大人の約36％と子どもの約17％が肥満だ。これは彼らが砂糖を食べすぎたからだろうか。**4**砂糖はこの問題の大きな部分を占めるが，人々が肥満である理由は他にある。理由の1つは，人々が十分な運動をしていないことだ。昔，人々はもっと遊びやスポーツをしていた。彼らは散歩したり，踊りに出かけたりしていた。今ではテレビやコンピュータがあるので，多くの人々は動くことなく何時間も座っている。つまり，彼らは砂糖を食べすぎているとともに，十分な運動もしていないのだ。**5**砂糖を食べすぎることの最大の問題は，2型糖尿病と呼ばれる病気を引き起こす可能性があることだ。1型糖尿病は生まれつきのもの，つまり，人はそれとともに生まれる。1型糖尿病では，体はそれ自身のグルコースを使うことができない。しかし，2型糖尿病は生まれついてのものではない。人々は何年間もひどい食事をしてこの病気にかかるのだ。**6**どうすれば砂糖の食べすぎをやめることができるだろうか。砂糖は多くの食べ物や飲み物に使われている。例えば，清涼飲料水には39グラムの砂糖が入っていることがある。これはおよそティースプーン13杯分だ。医者は，1日に1本の清涼飲料水を飲むだけで，不健康になる可能性があると言う。**7**今日，科学の力により，工場で人工甘味料をつくることができる。精製した砂糖と天然の砂糖は，人々に健康問題を引き起こす可能性がある。それらはまた，人々の体重増加を引き起こす可能性もある。だから，砂糖を食べたり飲んだりしたくない人々は，人工甘味料を使うかもしれない。**8**現在，多くの清涼飲料水は人工甘味料を使っている。これらの清涼飲料水は，砂糖が含まれていないことを示すために「ライト」または「ダイエット」ドリンクと呼ばれることがある。しかし，人工甘味料は砂糖よりも危険かもしれない。人工甘味料が大きな健康問題を引き起こす可能性があると考える医者もいる。**9**もう１つの問題は，パンやコールド・ミート(調理した肉を冷やしたもの)など，甘くない食べ物に多くの砂糖が含まれていることだ。スープの缶には約30グラムの砂糖が入っているかもしれない。16<u>だから，デザートを食べなくても，砂糖をとりすぎてしまう可能性があるのだ。</u>**10**たくさん運動をし，食べる物，飲む物を注意深く選ぶと，砂糖でいっぱいの世界の中で，健康でいることができる。覚えておいてほしい，砂糖について言えば，少なければ少ないほど良いということを。

1 <**用法選択**>下線部は「〜ということ」という意味で動詞 know の目的語となる節を導く接続詞。接続詞の that の後は主語や目的語が欠けていない完全な文が続く。これと同じ用法を含むのは，エ.「私はマイクが先週ロンドンに行ったと聞いた」。　ア．目的語のない文が続いているので目的格の関係代名詞。関係代名詞の後には不完全な文が続く。　「私が昨日会った女性は親切だった」　イ.「あの」という意味で後ろの名詞を修飾する指示形容詞。　「病院の隣にあるあの家は私の家だ」　ウ．主語のない文が続いているので主格の関係代名詞。　「私には歌が上手な友達がいる」

2 <**指示語**>it is because 〜「それは〜だからだ」の形に注目する。it が指すものは，because 以下(私たちの多くが砂糖を欲しがっているか，必要だと思っていること)が原因となり起こること。直前の Why don't we stop eating too much sugar ? を元に解答する。

3 <**適語選択**>the milk that babies get from their (　)' bodies で「赤ん坊が(　)の体から得るミルク」という意味。赤ん坊は「母親」の体からミルクをもらう。s で終わる複数形の名詞を「〜の」という意味にするときは，mothers's とはせずアポストロフィだけをつけることも押さえておきたい。

4 <**適語選択**>直後の and safe に注目する。and は似た内容をつなぐときに使う接続詞。後の safe「安全な」は良い意味の形容詞なので，前にも良い意味の形容詞が入ると考える。

5 <**単語の意味**>後に続く much too heavy が obese の言い換えになっていることを読み取る。obese で「太りすぎの，肥満の」という意味。

6 <**文脈把握**>次の文に One reason is that <u>people don't get enough exercise</u>. とある。reason は「理由」という意味。

7 <**整序結合**>第２段落第１文に eating too much sugar，第４段落最終文に eat too much sugar があることから，ここでも eating too much sugar がまとまりになると考える。また biggest は形容詞の最上級なので前には the が，後には名詞がくると考え，the biggest problem のまとまりにする。problem with 〜 で「〜に関する問題」という意味。 The <u>biggest</u> problem <u>with</u> eating too much sugar may be that it can cause a disease called type 2 diabetes.

8 <**適語選択**>「(　)砂糖の食べすぎをやめることができるだろうか」の(　)に入る語句を考える。

9 <**単語の意味**>in factories の前の science can <u>make artificial sweeteners</u> から，factories が人工甘味料という物をつくる場所だとわかる。ここから factories は「工場」だと考え，イ.「人々はそこで機械を使って商品をつくる」を選ぶ。goods は「商品」の意味。

10 <**適語選択**>後に than があるので dangerous は比較級になるとわかる。dangerous はつづりが長い形容詞なので，前に more を置いて比較級をつくる。

11 <**指示語**>前に出ている単数のもので，30グラムの砂糖が入るものを探す。

12＜適語選択＞後に healthy という形容詞が続いていることに注目。‘助動詞＋be＋形容詞’の形。

13＜英文解釈＞下線部の with は「～に関して」，less は little の比較級で「より少ない」の意味。つまり，砂糖をとる量は少ないほど良いということ。この意味を表すのは，イ．「忘れないで。砂糖をあまり食べなければ健康に良い」。

14＜要旨把握＞第５段落参照。natural で「生まれつきの」という意味。

15＜要旨把握＞ウが第８段落最終文の内容と一致する。

16＜適所選択＞抜けている英文の So は「だから」の意味で，So の前には‘原因’が，後には‘結果’を表す文がくる。デザートがなくても砂糖をとりすぎてしまう原因は，「デザート以外にも砂糖が含まれているから」と考えられる。この内容が述べられているのは第９段落。

17＜内容真偽＞ア…×　第１段落最終文参照。平均的な人の砂糖の年間摂取量は21キロ。　イ…×　第３段落第３文参照。約36％の大人と約17％の子どもが肥満だとある。　ウ…○　第７段落第２，３文に一致する。　エ…×　第４段落参照。テレビやコンピュータがあることで，多くの人々は何時間も座ったままで運動不足になっている。　オ…○　第９段落第１文に一致する。

2〔適語補充〕

1．牛乳の色は「白」。　「牛乳の色は白い」

2．‘It takes＋時間’「(時間が)かかる」の‘時間’を尋ねる疑問文。　「ここから駅までどのくらいかかりますか」

3．「日曜日の前の日は土曜日だ」

4．why の疑問文には because のほか，‘目的’を表す副詞的用法の to不定詞で答えることもある。「クミはなぜイタリアに行ったのですか」―「芸術を学ぶためです」

5．‘have/has＋過去分詞…＋since ～’「～以来(ずっと)…だ」の形(現在完了の‘継続’用法)。「私は生まれたときからずっと東京に住んでいる」

3〔適語(句)選択〕

1．my mother's「私の母親のもの」と持ち主を答えているので「誰の」と尋ねたと考える。「これは誰のかばんですか？」―「それは私の母のものです」

2．「～ですよね」と確認する付加疑問文。肯定文の場合，文末にコンマを置き，‘否定の短縮形＋主語の代名詞＋?’を続ける。　「あなたのお兄〔弟〕さんはサッカーがとても上手ですよね」

3．When we buy stamps「切手を買うときに」行く場所である。　「私たちは切手を買うとき，普通は郵便局に行く」

4．直後の at に注目。look at ～ で「～を見る」の意味。　「あの家を見て！　とても大きい！」

5．「２回」の意味を表す twice を選ぶ。１回は once，３回以上は ～ times で表す。　have been to ～「～に行ったことがある」　「私は２回ニューヨークに行ったことがある」

4〔書き換え―適語補充〕

1．「この物語はおもしろい」→「これはおもしろい物語だ」　interesting が母音で始まる語なので a ではなく an とすることに注意。

2．「彼は上手に料理をする」→「彼は料理をするのが得意だ」　is と cooking に注目し，be good at ～ing「～するのが得意だ」を使って書き換える。

3．「北斎がこの絵を描いた」→「この絵は北斎によって描かれた」　受け身形‘be動詞＋過去分詞’に書き換える。draw「～を描く」は不規則動詞で draw－drew－drawn と変化する。

4．「私は夏だけでなく冬も好きだ」→「私は夏も冬も両方好きだ」　‘not only *A* but (also) *B*’で

「*A*だけでなく*B*も」，'both *A* and *B*' で「*A*も*B*も両方とも」という意味。

5．「私はあなたが最善を尽くすことを望む」→「私はあなたに最善を尽くしてほしい」 'want＋人＋to ～' で「〈人〉に～してほしい」という意味。

5〔単語の関連知識〕

1．原級と比較級の関係。pretty は '子音字＋y' で終わるので y を i に変えて -er をつける。

2．「鳥は飛ぶ」。「魚は泳ぐ」。

3．musician は「音楽家」という人。「走る人」は runner。n を重ねて -er をつけることに注意。

4．子どもで girl「女の子」であるのは daughter「娘」，boy「男の子」であるのは son「息子」。

5．rose「バラ」は flower「花」の一種。dog「犬」は animal「動物」の一種。

6〔語形変化〕

1．直前の vegetables は「売られるもの」と考え，過去分詞の sold にする(sell－sold－sold)。sold at the store が名詞 vegetables を後ろから修飾する形(過去分詞の形容詞的用法)。 「その店で売られている野菜は新鮮だ」

2．「あなたのペンではなく彼のペンだ」と考え，「彼のもの」を表す his にする。 「これはあなたのペンではない。それは彼のものだ」

3．文の後半の it was too heavy から過去の文だとわかる。try の過去形は tried。try to ～ で「～しようとする」の意味。 「私たちはその机を動かそうとしたが，それは重すぎた」

4．直前に前置詞 for があるので動名詞(～ing)にする。Thank you for ～ing で「～してくれてありがとう」という意味。 「私に本当のことを話してくれてありがとう」

5．be surprised at ～ で「～に驚く」の意味。 「私はその知らせに驚いた」

7〔和文英訳―整序結合・部分記述・完全記述〕

1．「長い髪の少女」を「長い髪を持っている少女」と読み換える。who を主格の関係代名詞として用いて the girl を後ろから修飾する関係代名詞節をつくる。

2．「〈人〉に〈物〉を教える」は 'show＋人＋物事' の形で表せる。'物事' に当たる「ピアノの弾き方」を how to ～「～の仕方」の形にまとめる。

3．「とても～なので…できない」は 'so＋形容詞〔副詞〕＋that＋主語＋can't ～' で表せる。過去の文なので過去形の could を使うことに注意。

4．「～することは〈人〉にとって…だ」は形式主語 it を使い，'It is＋形容詞＋for＋人＋to ～.' で表せる。

5．「～される」とあるので 'be動詞＋過去分詞' の受け身の形を使うとよい。主語の English は3人称単数で現在の文なので，be動詞は is。speak「話す」の過去分詞は spoken。 speak－spoke－spoken

6．'give＋人＋物' 「〈人〉に〈物〉を与える」の形を使うとよい。「何か温かい飲み物」は something hot to drink で表せる。形容詞と to不定詞が something を修飾する場合，'something＋形容詞＋to不定詞' の語順になることに注意。「～してください」は please を使って表せる。please は文頭に置いても文末に置いてもよいが，文末の場合は前にコンマ(,)を置く。

数学解答

1 (1) 15　(2) $-8x^3$　(3) $\frac{13\sqrt{2}}{2}$

(4) $\frac{7x-y}{6}$　(5) $f=\frac{9}{5}c+32$

(6) $3(x-4)^2$　(7) $x=-1,\ 2$

(8) 57°　(9) (b), (e)　(10) $\frac{5}{16}$

(11) $9\sqrt{3}\pi$

2 (1) ㋐…90　㋑…1.1　㋒…0.9　㋓…20

㋔…108

(2) 49.5kg

3 (1) $-\frac{1}{2}$　(2) $y=-2x$

(3) $(-6,\ 12)$　(4) 30　(5) $\frac{6\sqrt{5}}{5}$

4 (1) (例)△ABFと△GAEにおいて，AB//EDより，平行線の錯角は等しいので，∠BAF＝∠AGE……①，∠ABF＝∠BEO……②　OE＝OBより，△OBEは二等辺三角形であるから，∠BEO＝∠EBO……③　$\overset{\frown}{CE}$に対する円周角より，∠EBO＝∠GAE……④　②，③，④より，∠ABF＝∠GAE……⑤　①，⑤より，2組の角がそれぞれ等しいので，△ABF∽△GAE

(2) 134°

1〔独立小問集合題〕

(1)＜数の計算＞$-3^2=-3\times3=-9$，$(-2)^3=(-2)\times(-2)\times(-2)=-8$，$(-4)^2=(-4)\times(-4)=16$より，与式＝$-9-(-8)+16=-9+8+16=15$となる。

(2)＜式の計算＞$\left(\frac{4}{3}x^3y\right)^2=\frac{4}{3}x^3y\times\frac{4}{3}x^3y=\frac{16}{9}x^6y^2$より，与式＝$\frac{16}{9}x^6y^2\div\left(-\frac{2}{9}x^3y^2\right)=\frac{16x^6y^2}{9}\times\left(-\frac{9}{2x^3y^2}\right)$＝$-\frac{16x^6y^2\times9}{9\times2x^3y^2}=-8x^3$となる。

(3)＜数の計算＞$\frac{10}{\sqrt{50}}=\frac{10}{\sqrt{5^2\times2}}=\frac{10}{5\sqrt{2}}=\frac{2}{\sqrt{2}}=\frac{2\times\sqrt{2}}{\sqrt{2}\times\sqrt{2}}=\frac{2\sqrt{2}}{2}=\sqrt{2}$，$\frac{3}{\sqrt{18}}=\frac{3}{\sqrt{3^2\times2}}=\frac{3}{3\sqrt{2}}=\frac{1}{\sqrt{2}}=\frac{1\times\sqrt{2}}{\sqrt{2}\times\sqrt{2}}=\frac{\sqrt{2}}{2}$，$\sqrt{72}=\sqrt{6^2\times2}=6\sqrt{2}$より，与式＝$\sqrt{2}-\frac{\sqrt{2}}{2}+6\sqrt{2}=\frac{2\sqrt{2}}{2}-\frac{\sqrt{2}}{2}+\frac{12\sqrt{2}}{2}=\frac{13\sqrt{2}}{2}$となる。

(4)＜式の計算＞与式＝$\frac{3(5x+y)-(x+5y)}{12}=\frac{15x+3y-x-5y}{12}=\frac{14x-2y}{12}=\frac{7x-y}{6}$

(5)＜等式変形＞$\frac{5}{9}f-\frac{160}{9}=c$として，両辺に9をかけると，$5f-160=9c$，$-160$を移項して，$5f=9c+160$，両辺を5でわって，$f=\frac{9}{5}c+32$となる。

(6)＜式の計算─因数分解＞与式＝$3(x^2-8x+16)=3(x^2-2\times4\times x+4^2)=3(x-4)^2$

(7)＜二次方程式＞$x^2-4x+4=5x^2-10x+2x-4$，$-4x^2+4x+8=0$，$x^2-x-2=0$，$(x+1)(x-2)=0$　$\therefore x=-1,\ 2$

(8)＜平面図形─角度＞右図1で，2点B，Dを結ぶ。$\overset{\frown}{BC}:\overset{\frown}{CD}=1:2$より，∠BEC：∠CED＝1：2だから，∠BEC＝$\frac{1}{2}$∠CED＝$\frac{1}{2}\times44°=22°$となり，∠BED＝∠BEC＋∠CED＝22°＋44°＝66°となる。線分BEが円Oの直径より，∠BDE＝90°なので，△BEDで，∠DBF＝180°－∠BDE－∠BED＝180°－90°－66°＝24°である。また，$\overset{\frown}{AB}:\overset{\frown}{BC}=3:2$より，∠FDB

図1

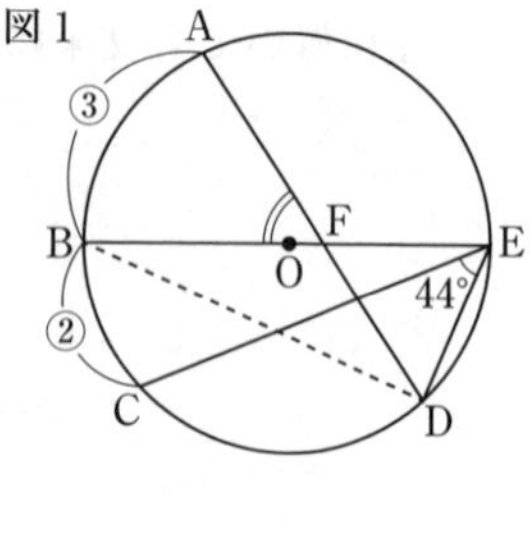

：∠BEC＝3：2だから，$\angle FDB=\frac{3}{2}\angle BEC=\frac{3}{2}\times 22^\circ=33^\circ$である。よって，△BDFで内角と外角の関係より，∠AFB＝∠FDB＋∠DBF＝33°＋24°＝57°となる。

(9)＜正誤問題＞(a)…誤。自然数とは1以上の整数である。　(b)…正。　(c)…誤。$-1.5=-\sqrt{1.5^2}=-\sqrt{2.25}$だから，$-\sqrt{3}<-\sqrt{2.25}$より，$-\sqrt{3}<-1.5$である。　(d)…誤。半円の弧に対する中心角は180°である。90°になるのは円周角である。　(e)…正。

(10)＜確率―硬貨＞5枚の硬貨をA，B，C，D，Eとする。5枚の硬貨を同時に投げたとき，表，裏の出方は，どの硬貨も表，裏の2通りあるので，全部で2×2×2×2×2＝32(通り)ある。このうち，3枚表が出るのは，裏となる2枚が(A，B)，(A，C)，(A，D)，(A，E)，(B，C)，(B，D)，(B，E)，(C，D)，(C，E)，(D，E)のときの10通りある。よって，求める確率は$\frac{10}{32}=\frac{5}{16}$である。

(11)＜空間図形―体積＞右図2のように，3点A，B，Cを定める。∠ACB＝90°だから，△ABCを直線lを軸として1回転させてできる回転体は，底面の円の半径がBC＝3の円錐となる。高さは，△ABCで三平方の定理より，$AC=\sqrt{AB^2-BC^2}=\sqrt{6^2-3^2}=\sqrt{27}=3\sqrt{3}$である。よって，求める体積は，$\frac{1}{3}\times\pi\times 3^2\times 3\sqrt{3}=9\sqrt{3}\pi$となる。

図2

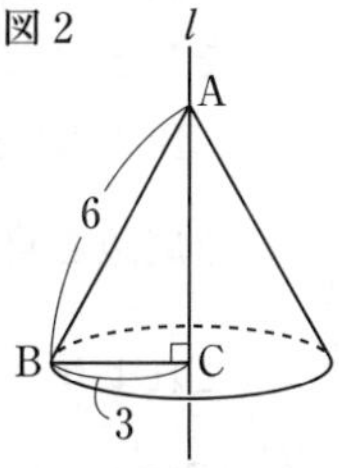

2　〔数と式―連立方程式の応用〕

(1)＜立式＞全生徒100人のうち，AとBの両方に取り組んだ生徒が10人だから，Aだけに取り組んだ生徒とBだけに取り組んだ生徒の合計は100－10＝90(人)である。よって，$x+y=90$……①が成り立つ。また，Aだけに取り組むと1か月で1人1.1kg，Bだけに取り組むと1か月で1人0.9kg，AとBの両方に取り組むと1か月で1人，1.1＋0.9＝2(kg)を削減できるので，全生徒の削減量は$1.1\times x+0.9\times y+2\times 10=1.1x+0.9y+20$(kg)と表せる。これが108kgだから，$1.1x+0.9y+20=108$……②が成り立つ。

(2)＜排出量＞(1)の②より，$1.1x+0.9y=88$，$11x+9y=880$……②′　②′－①×9より，$11x-9x=880-810$，$2x=70$，$x=35$となるので，Aだけに取り組んだ生徒は35人である。AとBの両方に取り組んだ生徒は10人だから，Aに取り組んだ生徒は35＋10＝45(人)となる。よって，Aの取り組みで削減できた二酸化炭素の排出量は，1.1×45＝49.5(kg)となる。

3　〔関数―関数$y=ax^2$と一次関数のグラフ〕

(1)＜比例定数＞右図1で，A(－2，－2)が放物線$y=ax^2$上にあるので，$-2=a\times(-2)^2$が成り立ち，$a=-\frac{1}{2}$となる。

(2)＜直線の式＞右図1で，(1)より，2点A，Bを通る放物線の式は$y=-\frac{1}{2}x^2$となる。点Bのx座標は4だから，$y=-\frac{1}{2}\times 4^2=-8$より，B(4，－8)となる。よって，直線BOの傾きは$\frac{-8-0}{4-0}=-2$となるので，直線BOの式は，$y=-2x$である。

図1

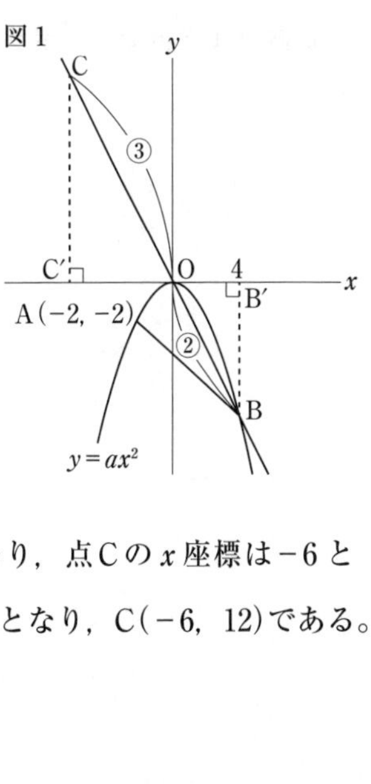

(3)＜座標＞右図1のように，2点B，Cからx軸にそれぞれ垂線BB′，CC′を引くと，B′B∥CC′より，B′O：OC′＝BO：OC＝2：3となる。点Bのx座標が4より，B′O＝4だから，$OC'=\frac{3}{2}B'O=\frac{3}{2}\times 4=6$となり，点Cの$x$座標は－6となる。(2)より，点Cは直線$y=-2x$上にあるので，$y=-2\times(-6)=12$となり，C(－6，12)である。

(4)＜**面積**＞右図2のように，点Aを通り y 軸に平行な直線と直線BCとの交点をDとすると，△ABC＝△ABD＋△ACDとなる。点Aの x 座標が−2より，点Dの x 座標も−2であり，点Dは直線 $y=-2x$ 上にあるから，$y=-2\times(-2)=4$ より，D(−2, 4)である。A(−2, −2)なので，$\mathrm{AD}=4-(-2)=6$ となる。ADを底辺と見ると，2点A，B，2点A，Cの x 座標より，△ABDの高さは $4-(-2)=6$，△ACDの高さは $-2-(-6)=4$ となるから，$\triangle\mathrm{ABD}=\frac{1}{2}\times6\times6=18$，$\triangle\mathrm{ACD}=\frac{1}{2}\times6\times4=12$ となり，$\triangle\mathrm{ABC}=18+12=30$ である。

図2

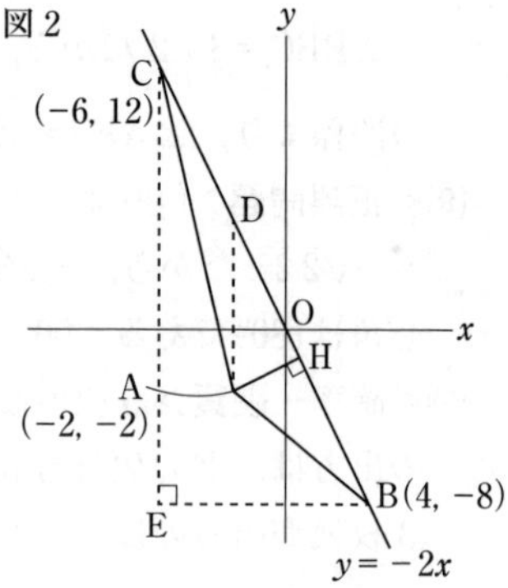

(5)＜**長さ**＞右上図2のように，点Bを通り x 軸に平行な直線と，点Cを通り y 軸に平行な直線の交点をEとすると，B(4, −8)，C(−6, 12)より，$\mathrm{BE}=4-(-6)=10$，$\mathrm{CE}=12-(-8)=20$ となる。△BCEで三平方の定理より，$\mathrm{BC}=\sqrt{\mathrm{BE}^2+\mathrm{CE}^2}=\sqrt{10^2+20^2}=\sqrt{500}=10\sqrt{5}$ である。△ABCは，BCを底辺と見ると，高さがAHであり，(4)より，面積は30だから，$\frac{1}{2}\times10\sqrt{5}\times\mathrm{AH}=30$ が成り立つ。これより，$\mathrm{AH}=\frac{6\sqrt{5}}{5}$ である。

4 〔平面図形—円〕

(1)＜**証明**＞右図の△ABFと△GAEで，AB∥EDの錯角より，∠BAF＝∠AGEである。また，∠ABF＝∠BEOであり，△OBEがOE＝OBの二等辺三角形より∠BEO＝∠EBO，$\overset{\frown}{\mathrm{CE}}$ に対する円周角より∠EBO＝∠GAEである。解答参照。

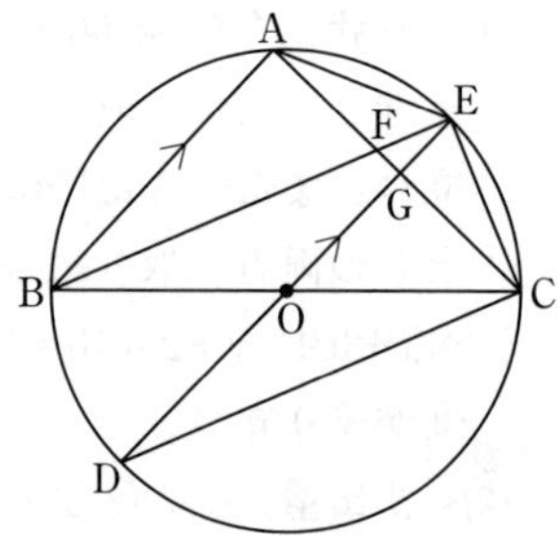

(2)＜**角度**＞右図で，$\overset{\frown}{\mathrm{CE}}$ に対する円周角より，∠GAE＝∠EBC＝23°となる。(1)より，△ABF∽△GAEだから，∠ABF＝∠GAE＝23°であり，$\overset{\frown}{\mathrm{AE}}$ に対する円周角より，∠ACE＝∠ABF＝23°となる。よって，△EACで，∠AEC＝180°−∠GAE−∠ACE＝180°−23°−23°＝134°である。

＝読者へのメッセージ＝

放物線は英語でパラボラ(parabola)といいます。パラボラアンテナは放物線の形を利用してつくられています。

国語解答

一 問一 相手の身　問二 エ

問三 エ

問四 相手の身になって，相手に伝わるように話すこと

問五 自分がいか～始している

問六 相手に興味を持つことで，人との距離を縮めたり，視野が広がったりして，常識は一つでないと気づくこと。

問七 ① 実践 ② 損 ③ かたよ ④ 君臨 ⑤ 陰

二 問一 成績を気にするわりに毎回授業を聞いていない梨奈が，図々しく人のノートを借りようとしていることに，あきれているから。

問二 ウ　問三 イ　問四 ア

問五 野菜をまるごと，より深く理解できる

問六 ウ　問七 アスパラガス

問八 授業が終わった後，ノートを貸すとか貸さないとかもめているように聞こえたので，葉月が梨奈や百合香とうまくやっているか心配になったから。

問九 ア

問十 農業について学ぶために学校に通っている葉月と違って，日頃から勉強をしないのに人のノートをちゃっかり借りるために葉月を部屋で待ちかまえ，勝手に見たスケッチブックのことを謝るどころかわざとらしく絵を褒めたり，百合香と悪口を言っているかもしれないのに上目遣いでお願いをしてきたりと，要領よく切り抜ける梨奈のずるくて無神経なところが腹立たしい気持ち。

一〔論説文の読解―社会学的分野―コミュニケーション〕出典；鎌田實『相手の身になる練習』「生きづらい現代だからこそ必要な力」。

≪**本文の概要**≫現代の社会は，意識して相手の身になろうとしなければ，相手の身にならなくても済んでしまう仕組みになっている。一つは，競争社会という仕組み，もう一つは，言葉に偏ったコミュニケーション社会という仕組みである。今の若い人たちは，文章を短くおもしろくまとめる力をSNSで鍛えられているので，話が上手で，話題が豊富，発信力がある人が多い。しかし，その陰で，自分の言葉を持つということと，相手の身になるという力は忘れがちになっているように思う。コミュニケーションはキャッチボールであるが，SNSを中心とした現代のコミュニケーションは，キャッチボールではなく，自分がいかにすばらしいボールを投げるかに終始し，自分が発する言葉を受け取る相手のことまで考えている人はあまり多くないだろう。相手の身になるということは，相手に興味を持つということであり，また，自分とは違う考え方，知らなかったことと出合うことでもある。これからの多様性を大事にする社会を生き抜いていくために，相手の身になる練習を始めよう。

問一＜文章内容＞幼稚園や小学校で「相手の身になりましょう」と言われるが，相手の身になることの大切さをよく考えたり，毎日の生活の中で実践できているかどうかというと，疑問が残る。それは，現代の社会の仕組みが，意識して「相手の身」になろうとしなければ，「相手の身」にならな

くても済んでしまう仕組みになっているからである。

問二<文章内容>僕たちは「言葉そのものより，言葉以外のものからずっと多くを受け取って，コミュニケーションをとって」いる。そのため，「どんなにいいことを言って」いても，その人が「踏ん反り返って横柄な態度」でいると，その「態度」の方から言葉以上に多くを受け取って，その人の言っていることを，信じて受け入れることはできないと感じてしまう。

問三<語句>「ないがしろ」は，ないもののように軽んじること。

問四<文章内容>「相手がキャッチできるようにボールを投げなければ」ならないということは，つまり，「相手の身になって，相手に伝わるように話すことが必要」になるということである。

問五<文章内容>コミュニケーションは「キャッチボール」であり，これがうまくいくことで「相手のことが少しずつわかってきたり，相手と自分の関係性が出来上がって」いったりするためには，「相手がキャッチできるように」ボールを投げる必要がある。「相手がキャッチできるように」ボールを投げるということは，「言葉を受け取る相手のことまで考えて」言葉を発するということである。しかし，「SNSを中心にした現代のコミュニケーション」は，「キャッチボール」にはならずに，「自分がいかにすばらしいボールを投げるかに終始している」ように見える。

問六<文章内容>「相手の身になるということ」は，「相手に興味をもつということ」である。また，「相手の身になるということ」は，「自分とは違う考え方，知らなかったことと出合うこと」でもあって，「視野が広がり，自分が思っている『あたりまえ』があたりまえではないことにも気づかせて」くれることでもある。つまり，「相手の身になる」ことによって，「世の中にはいろんな考え方がある，常識は一つじゃないと気づく」ことができる。「いろんな個性，いろんな考え方をもった人たちが，それぞれ認め合いながら一緒に生きていく」ことになる「多様性の時代」には，いろいろな考え方があり，常識は一つではないと気づくことを可能にする「相手の身になる力」が大事なのである。

問七<漢字>①「実践」は，実際の状況の中でそれを行うこと。　②訓読みは「そこ(なう)・そこ(ねる)」。　③音読みは「偏見」などの「ヘン」。　④「君臨」は，他を押さえて強い力を振るうこと。　⑤音読みは「陰気」などの「イン」。

二〔小説の読解〕出典；瀧羽麻子『アスパラガスの花束　長崎県諫早市・いさはや農業大学校』(『女神のサラダ』所収)。

問一<心情>梨奈は，来週テストがあると知ると，「今日の授業，ほとんど聞いとらんかった」と言い，しかも，「成績悪いと親に怒られる」からと言って，葉月にノートを貸してほしいと求めてきた。葉月は，梨奈が「毎回」授業をほとんど聞いていないことを知っているので，「成績を気にするんだったら，はなからきちんと授業を聞けばいい」と思い，葉月のノートを借りようとする梨奈のあつかましさに，すっかりあきれてしまった。

問二<接続語>百合香たちは，葉月とは「今は，すれ違えば挨拶をかわすくらいの距離を保っている」けれども，梨奈だけは，葉月に「いまだに」なれなれしい。

問三<心情>梨奈は，授業を聞いていなかったのに，なれなれしく多田先生を呼び止めて「テスト，どのへんば出ます？」と尋ねた。百合香も，梨奈に「加勢」して「来週って突然すぎません？　せめて持ちこみ可やないと」と先生を責めた。もともと梨奈の授業態度の悪さを批判的に見ていた葉月は，二人の振る舞いに不快感を覚え，二人に関わらないように「反対側の出口」から出ていった。

問四＜表現＞梨奈に対して批判的な葉月は，自分のスケッチブックを梨奈が見たら「無遠慮に詮索」してくるだろうと考え，たいして興味もないのに，「すごかすごか」と「口先だけでほめられる」のは煩わしいと思った。「うっとうしい」は，邪魔に感じて煩わしいさま。

問五＜文章内容＞「腑に落ちる」は，納得できる，という意味。葉月は，「ごぼうの葉がどんなかたちか，小松菜が何色の花をつけるのか，実際に自分の目で見て，手で描く」と，「その野菜をまるごと，より深く理解できる」ような気がしてくるのである。

問六＜表現技法＞アスパラガスの若い芽が土から出ている様子を，アスパラガスを人間になぞらえて「顔を出している」と表現している。人間でないものを人間に見立てて表現する技法を，「擬人法」という。

問七＜文章内容＞多田先生は，「男性にしては長めの，細くてやわらかそうな髪」をしていて，「のっぽでひょろひょろとやせた体つき」をしている。それは，「ふさふさした細い葉」のような「擬葉」をつけ，土からは若い芽がにょきにょきと出ている「アスパラガス」を思わせる風貌である。

問八＜文章内容＞葉月が「はい？」と聞き返すと，多田先生は，「梨奈や百合香と，うまくやれとるか？」と言った。葉月が「言われている意味」をのみ込めずにいると，先生は「授業ば終わった後，ノートさ貸すとか貸さんとか，もめとるごと聞こえよったけん……ちょっと気になって」と言った。先生は，授業後の葉月と梨奈のやりとりを耳にして，葉月が梨奈や百合香と仲良くやれているのかどうか心配していたのである。

問九＜文章内容＞葉月が浴場から部屋まで戻ってくると，ドアの向こうから「不吉な音」が聞こえた。その音は，部屋の中で梨奈が吹いているクラリネットの「調子はずれな音」だった。

問十＜心情＞「農業について学ぶため」に農業大学校に来ている葉月と違って，友達と遊ぶために来ているような梨奈は，授業は「毎回」ほとんど聞いていないのに，テストがあるとわかったとたん，成績を気にして，葉月のノートを借りようとした。そして，教室で葉月がそれを承諾しなかったため，梨奈は，「たいてい消灯ぎりぎりまで部屋には戻ってこない」のに，この日は葉月が浴場から戻ってくるのを「待ちかまえて」いた。しかも，葉月がいない間に葉月のスケッチブックを勝手に見たことを，梨奈は謝らず，葉月の気持ちをほぐそうと「わざとらしく」絵をほめた。梨奈が百合香と一緒に葉月の悪口を言っていたかもしれないと，葉月が思っているとも考えずに，梨奈は，葉月のノートを借りたいので，「ぱちんと手を合わせ，小首をかしげて，上目遣いで」葉月の顔をのぞきこんで「ね，お願い」と言った。それも，「友達どうし」だから「困ったときは助けあわんと」という理屈である。葉月は，今までも同じしぐさを繰り返して，厄介なことを「要領よく切り抜けてきた」のであろう梨奈のずうずうしさや身勝手さやずるさ，無神経さなどに，いらいらした。

＝読者へのメッセージ＝

鎌田實氏は，医師で，諏訪中央病院名誉院長です。『がんばらない』，『あきらめない』，『患者が主役命によりそう医療』など多くの著書があり，患者の生き方や医療のあり方について多くの提言をしてきています。

Memo

Memo

Memo

2021年度 女子美術大学付属高等学校

【英　語】（50分）〈満点：100点〉

1 次の文章を読んで、問いに答えなさい。

①Jake Stevens worked for the American computer company BananaTech, in *San Francisco. He was in *Ireland because the people at BananaTech in *Dublin needed help with the company's newest computer game. Jake was the writer of the game, so he knew all about it.

When he arrived at Dublin Airport, an old friend met him there.

"Hi, Al!" said Jake. Al once worked in the San Francisco office, (②) now he worked in Dublin.

"Hi, Jake!" answered Al. "(③) are you doing?"

"OK," Jake told him.

Then Jake saw someone with Al.

"Who's this?" he asked.

"Brigid," Al said. "She works in the office here."

"Hi, Brigid," said Jake.

"Hello, Jake," answered Brigid.

"Hmm," Jake thought, "it's my first time in Ireland, but I like it here!" Then he saw Al's bag.

"Are you going away?" he asked.

A

"Yes. ④I'm taking the next plane to Los Angeles," said Al.

"Los Angeles!" said Jake. "But why?"

"My dad is in hospital now. He's very sick," said Al. "And I need to go and see him."

"Oh!" said Jake. "I'm sorry, I – "

"Look," said Al. "I must go now. My plane leaves very soon. Brigid can tell you everything. See you!"

"See you!" said Jake. Al walked away. Then Jake looked at Brigid. "What now?" he asked.

⑤"Let's take a taxi into town," she said. "You're going to stay at Al's *apartment."

"Oh, right," said Jake. He smiled. "*Perhaps we can have dinner later."

She smiled back. "Perhaps," she said.

The taxi took them to the city. After twenty minutes, they ⑥ (stop) in front of a very tall building. "Al lives here," said Brigid. "It's BananaTech's apartment. You have this key, and I have ⑦ one at the office."

"OK," said Jake.

They went up to the eighth floor. The apartment was very nice. There were pictures on the white walls. There was a TV on a black table, and a blue table near the window.

B

"Arraaaggghhhh!" *squawked something.

Jake looked across the room quickly. "What was that?" he asked.

Brigid smiled. "That's Percy," she said. She walked across to a red table. There was a ⑧ cage on the table, and a beautiful green and yellow bird in the cage.

"Say (⑨) to Percy," *laughed Brigid. "He's Al's *parrot."

"Parrot!" squawked the bird. "Al's parrot!"

"He comes from Brazil," said Brigid. "Al is teaching him to talk."

"Oh," said Jake. "Well, I like birds. So that's OK. Hi, Percy."

"Percy!" squawked the bird.

C

"His food is in the little bottle next to the cage," said Brigid. "Remember to give him food and water every day." She went to the door. "I can come for you tomorrow at nine o'clock and we can walk to the office."

"OK," said Jake. "But what about dinner? We can find a quiet little restaurant, and you can tell me –"

She smiled. ⑩ "Not tonight," she said. "Al cooked some food for you."

D

Brigid laughed. "Perhaps. See you in the morning."

"OK," he said.

After she left, Jake smiled and walked across to the cage. "I like Brigid," he said to the parrot. "But it's dinner for one tonight, Percy. ⑪ And first (dinner / you / give / I / some / must) ."

"Like Brigid! Like Brigid!" squawked the bird. ⑫ "Dinner for one!"

注）

San Francisco：サンフランシスコ　Ireland：アイルランド　Dublin：ダブリン(アイルランドの都市)
apartment：マンション　perhaps：もしかしたら　squawk：叫ぶ
laugh：笑う　parrot：オウム

問１　下線部①の人物の職業を次の中から選び、記号で答えなさい。

ア　ゲームの製作　イ　ゲームの輸出　ウ　ゲームの販売　エ　ゲームの修理

２　空所②に入る適切な語を次の中から選び、記号で答えなさい。

ア　but　イ　when　ウ　or　エ　since

３　空所③に入る適切な語を次の中から選び、記号で答えなさい。

ア　What　イ　Who　ウ　Where　エ　How

４　下線部④について、Alがロサンジェルスに行くのはなぜですか。次の（　　）に適する語を答えなさい。

（　　　）している（　　　）に会いに行くため。

５　下線部⑤について、空港からAlのマンションまでタクシーでどのくらいかかりますか。次の中から選び、記号で答えなさい。

ア　10分　イ　15分　ウ　20分　エ　30分

６　下線部⑥のstopを適切な形に直しなさい。

７　下線部⑦のoneが指すものを日本語で答えなさい。

８　下線部⑧のcageの意味を次の中から選び、記号で答えなさい。

ア　袋　イ　おり　ウ　巣　エ　とびら

９　空所⑨に入る適切な語を次の中から選び、記号で答えなさい。

ア　hello　イ　thanks　ウ　sorry　エ　good-bye

10 下線部⑩について、Brigidがレストランに行くのを断ったのはなぜですか。次の中から選び、記号で答えなさい。

ア 仕事に戻らなくてはならなかったから。

イ あまりおなかが空いていなかったから。

ウ Jakeに自分の手料理をごちそうしたかったから。

エ AlがJakeのために夕食を準備しておいてくれたから。

11 下線部⑪を意味がとおるように（　　）内の語を並べかえなさい。

And first (dinner / you / give / I / some / must).

12 下線部⑫ Dinner for one! のここでの意味を次の中から選び、記号で答えなさい。

ア １人分の夕食　　イ １人ぼっちの夕食

ウ １回目の夕食　　エ １度きりの夕食

13 Alの部屋にはテーブルがいくつありますか。数字で答えなさい。

14 Percyの世話について、BrigidがJakeにお願いしたことは何ですか。日本語で答えなさい。

15 明日、BrigidがJakeを迎えに来るのは何時ですか。数字で答えなさい。

16 "Then what about tomorrow night?" asked Jake. という英文が本文から抜けていますが、これは本文中の空所A, B, C, Dのどこに入りますか。記号で答えなさい。

17 本文の内容と一致するものを次の中から2つ選び、記号で答えなさい。

ア JakeとAlは学生時代からの古い友人である。

イ Jakeはアイルランドに初めてやって来た。

ウ Percyを見たとき、Jakeは驚いて叫び声を上げた。

エ Percyに言葉を教えたのは、Brigidである。

オ Alのマンションから会社までは、歩いて行くことができる。

2 次の（　　）内に適切な語を入れて、英文を完成させなさい。

1　（　　）is Michio's birthday? ― It's March 5.

2　What（　　）is it today? ― It's Friday.

3　The month between July and September is（　　）.

4　Show me your passport. ― Sure.（　　）you are.

5　Who sent this email? ― Ken（　　）.

3 次の各文の（　　）内から適切な語を選び、記号で答えなさい。

1　Taking pictures of animals（ア is　イ are　ウ be）a lot of fun.

2　My brother works（ア since　イ from　ウ on）Monday to Saturday.

3　Karen plays tennis（ア good　イ well　ウ nice）.

4　I haven't finished my report（ア still　イ already　ウ yet）.

5　This is the magazine（ア to buy　イ buying　ウ bought）by many people around the world.

4 次の各組の文がほぼ同じ意味になるように、（　　）内に適切な語を入れなさい。

1　{ You must not go out at night.
　　（　　）（　　）out at night.

2　{ Mr.Yamamoto said to me, "Be kind to old people."
　　Mr. Yamamoto（　　）me（　　）be kind to old people.

3　{ Jack helps Tom, and Tom helps Jack, too.
　　Jack and Tom help（　　）（　　）.

4　{ She read the letter from him and became very happy.
　　His letter（　　）（　　）very happy.

5　{ Collin can speak three languages.
　　Collin（　　）（　　）to speak three languages.

5 A：B＝C：Dの関係が成り立つように、Dに入る語を答えなさい。

	A	:	B	=	C	:	D
1	desk	:	desks		box	:	(　　)
2	see	:	saw		sing	:	(　　)
3	father	:	mother		uncle	:	(　　)
4	baseball	:	bat		tennis	:	(　　)
5	inside	:	outside		up	:	(　　)

6 次の各文の（　　）内の語を適切な形になおしなさい。

1 This question is the（easy）of the three.

2 Have you ever（hear）the song?

3 Wash your hands before（eat）.

4 The cup was（bring）to Japan a long time ago.

5 Hello, this is Bob（speak）.

7 1と2は、日本語の意味になるように、（　　）内の語を並べかえなさい。ただし、文頭に来る語も小文字になっています。
3と4は、日本語の意味になるように、（　　）内に適切な語を入れ、英文を完成させなさい。
5と6は、英語になおしなさい。

1 私たちはロンドンへ出発する準備ができました。
We (to / for / leave / London / ready / are).

2 この花は英語で何と言いますか。
(what / this / in / flower / is / called) English?

3 ユキは先週の火曜日疲れているように見えました。
Yuki (　　　　) (　　　　) last (　　　　).

4 今週末は曇りでしょう。
(　　　　) (　　　　) be (　　　　) this weekend.

5 私が窓を開けましょうか。

6 私の姉は時々その犬の世話をします。

【数　学】（50分）〈満点：100点〉

1　次の各問いに答えなさい。

(1)　$-(-5)^2 \times (-5) + (-2)^4 - (-2)^3$　を計算しなさい。

(2)　$\left(-\dfrac{3}{2}x^2y\right)^3 \div \dfrac{3}{8}xy^2$　を計算しなさい。

(3)　$\sqrt{32} + \dfrac{4}{\sqrt{8}} - \dfrac{15}{\sqrt{18}}$　を計算しなさい。

(4)　$\dfrac{5x-2y}{6} - \dfrac{x+2y}{10}$　を計算しなさい。

(5)　$3x-2y+1=0$　を y について解きなさい。

(6)　$2x^2-8x-24$　を因数分解しなさい。

(7)　xについての２次方程式　$(3x+2)(x+2)=(x+2)^2$　を解きなさい。

(8)　右の図において、５点 A、B、C、D、E は円 O の円周上の点で、AE は直径、$\overset{\frown}{AB}:\overset{\frown}{BC}:\overset{\frown}{CD}:\overset{\frown}{DE}=1:2:3:4$ です。AC と BD の交点を F とするとき、$\angle$ CFD の大きさを求めなさい。

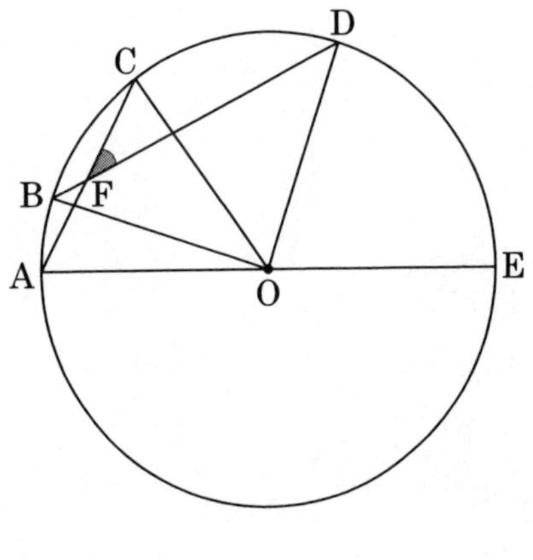

(9)　次の文章の中から正しいものをすべて選び、アルファベット順に答えなさい。

(a) 連続する２つの自然数の和は、偶数である。

(b) １つの円において、ある弧に対する中心角の大きさは、その弧に対する円周角の大きさの２倍である。

(c) $-\sqrt{2} > -1.5$ である。

(d) 立方体の辺のうち、ある辺に対してねじれの位置にある辺は、全部で２本ある。

(e) 絶対値が３となる数は、－３のみである。

(10)　A、B、C、D、Eの５人の生徒を、３人の班と、２人の班に分ける分け方は、何通りありますか。

(11)　次の図形を、直線 ℓ を軸として１回転させてできる回転体の体積を求めなさい。

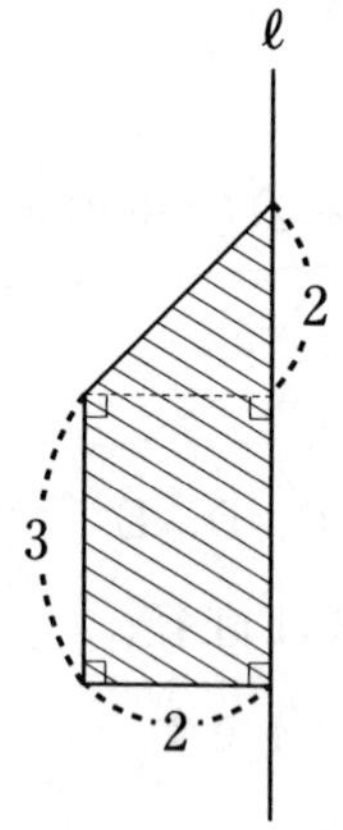

2 濃度の異なる食塩水A、Bがそれぞれ450gずつあります。食塩水Aから150g、食塩水Bから300gずつ取り出して混ぜると、8%の食塩水ができました。また、残った食塩水Bに食塩5gを混ぜると、食塩水Aと同じ濃度になりました。このとき、次の問いに答えなさい。

(1) 食塩水A、Bの濃度をそれぞれx%、y%として式を立てました。
次の空らん㋐、㋑、㋒、㋓、㋔にあてはまる数を答えなさい。

$$\begin{cases} \boxed{㋐} \times \dfrac{x}{100} + \boxed{㋑} \times \dfrac{y}{100} = \boxed{㋒} \times \dfrac{8}{100} \\ \boxed{㋓} \times \dfrac{y}{100} + 5 = \boxed{㋔} \times \dfrac{x}{100} \end{cases}$$

(2) 食塩水Aの濃度を求めなさい。

3 下の図において、放物線$y = ax^2$上に3点A、B、Pがあります。点Aの座標は(2, 2)とし、点Cはx座標が正であるx軸上の点とします。
四角形ABOCが平行四辺形になるとき、次の問いに答えなさい。

(1) aの値を求めなさい。

(2) 直線OBの式を求めなさい。

(3) 四角形ABOCの面積を求めなさい。

(4) 点Pのy座標をpとするとき、四角形OAPBの面積をpを用いて表しなさい。ただし、$p > 2$とします。

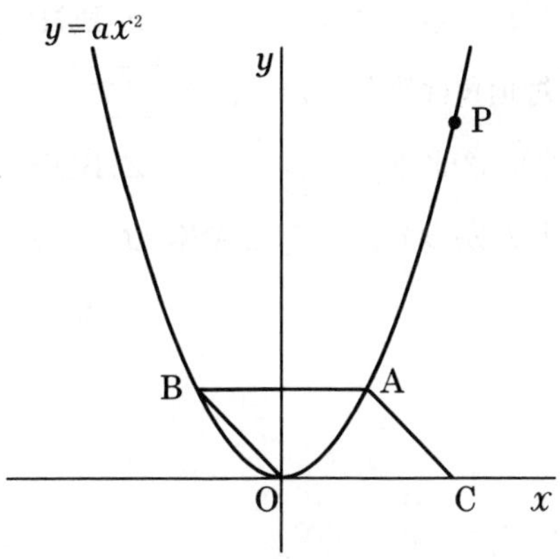

(5) 四角形OAPBの面積が、平行四辺形ABOCの面積の2倍になるとき、点Pの座標を求めなさい。ただし、点Pのx座標は正であるとします。

4

下の図で、△ABC は、AB＝AC の二等辺三角形で、円 O は、△ABC の辺 AB 上の点 O を中心とし、OB を半径とする円を表しています。辺 BC と円 O との交点を P、辺 BA の延長と円 O との交点を Q、線分 PQ と辺 AC との交点を S とします。このとき、次の問いに答えなさい。

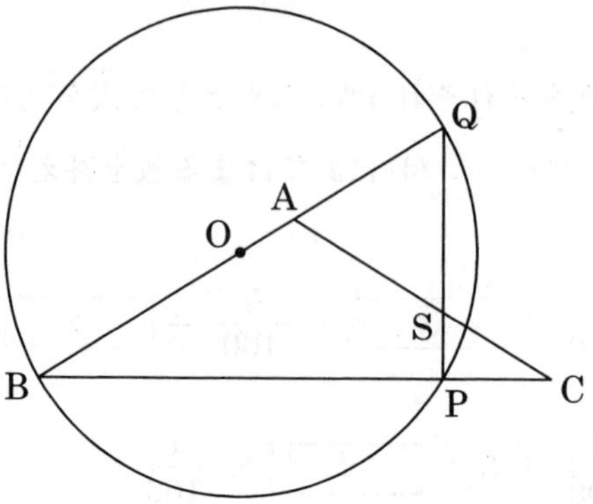

(1)　△BQP と△CSP が相似であることを証明しなさい。

(2)　(1) の結論を使って、△ASQ が二等辺三角形であることを、次のように証明しました。(ア)、(イ)、(ウ) にあてはまる適切な角や辺を答えなさい。

[証明]

(1) の結論より、　∠BQP ＝∠[(ア)] ……… ①

対頂角は等しいから、∠[(ア)] ＝∠[(イ)] ……… ②

①、②より　∠BQP ＝∠[(イ)]

したがって、　△ASQ は、AQ ＝[(ウ)]の二等辺三角形である。

問八　――線F「まるで自分のことみたいに」とありますが、「まるで～みたい」のように、**呼応の関係でないもの**を次から一つ選び記号で答えなさい。

ア　彼は決して友達との約束を忘れない。
イ　ぜひフランスに留学したい。
ウ　隣の家にはかなり大きな犬がいる。
エ　もし雨が降ったら、遠足は中止だ。

問九　――線G「さっきまで私だって『他人事』だって思ってたのに、ひとりうつむくしおりを見てたら、いてもたってもいられない気分になったんだ」とありますが、「いてもたってもいられない気分」になったのはなぜですか。その理由を説明しなさい。

問三　――線B「周りの反応がこんなにもちがうなんて」とありますが、葉子に対する周りの様子は小学校のころはどのようなものでしたか。――線Bより前の文中の言葉を使って答えなさい。

問四　2 に入る色を表す漢字一字を答えなさい。

問五　――線C「みんなと一緒にいるのに、なぜか、ひとりぼっちでいるような感覚になる」とありますが、なぜ葉子はこのような気持ちになるのですか。理由として最も適切なものを次から選び記号で答えなさい。

ア　これまでに一度も恋をしたことがないから。
イ　教室にひとりでいたしおりのことを思い出したから。
ウ　グループのみんなの関心のあることに興味がないから。
エ　現実の男の人よりもアニメや漫画のキャラの方がすてきだと思っているから。

問六　――線D「――嘘」とありますが、このときの葉子の気持ちとして最も適切なものを次から選び記号で答えなさい。

ア　先輩や先生が描いたと思うほどに、上手な風景画を描く才能を持つしおりへのねたみ
イ　私の知らない間に、しおりがぴかりと光るような絵を描くようになっていたことへの驚き
ウ　しおりみたいにうまくなるためには、私ももっと絵の練習をしなければならないというあせり
エ　今の二人の関係に悩んでいる私の気持ちも知らないで、絵にばかり夢中になっているしおりへの怒り

問七　――線E「私だったら、この空気の中、断るなんてきっとできない」とありますが、「この空気」とはクラスのどのような雰囲気を指しているのですか。答えなさい。

くちびるをぎゅっと結んでまばたきをすると、さっき見たしおりのキャンバスが、まぶたの裏にぱっと浮かんだ。淡くてきれいな夕暮れの色。足元を吹き抜けていった、涼やかな風。見えない手のひらが、私の心をそっと押す。

「……あのっ!」

気がつくと、身体が前のめりになって、自然と右手が挙がってた。きょとんとした視線がクラス中から矢のように飛んできて、頬がかっと熱くなる。恥ずかしい。逃げたい。やめたほうがいいって分かってる。

だけど、その全部をふりはらい、私は思い切って口を開く。

そして、言った。

「応援旗係、私、やります」

引っ込み思案は筋金入り。目立つことは苦手だし、面倒なことはのらりくらりと避けてきた。だから手を挙げたのは、私がふりしぼった、精一杯の勇気だったんだ。

――『十四歳日和』水野瑠見 より――

講談社 刊

問一 [1] に入る言葉として、最も適切なものを次から選び記号で答えなさい。

ア あらげた　イ あわせた　ウ はりあげた　エ はずませた

問二 ――線A「私たちの距離が、やがて開いていってしまう」とありますが、葉子としおりの二人を分ける原因となるものを文中から十三字で抜き出しなさい。(句読点等を含む)

「だよね。デザインだって、そっちのが絶対センスいいのできるって！」

あめ玉にありんこが寄ってくみたいに、ざわめきが、一方向へ収束していく。ザワ先は、記憶をたぐるみたいに、腕組みをしてしばらく眉根(まゆね)にしわを寄せていたけれど、やがて、「美術部はたしか、瀬川だったかな」とひとりごとみたいにつぶやいた。

「だよな？　瀬川」

ザワ先がしおりに向かって問いかけると、みんなの視線がたちまちそちらに集まった。おずおずとうなずいたしおりの背中は、心なしかいつもより小さく見える。だけどのんきなザワ先は、そんなことにはお構いなしで、「どうだ、瀬川。せっかくだから引き受けてみないか？」と、あっさりとしおりに笑いかけた。

――どうするんだろう、しおり。

E私だったら、この空気の中、断るなんてきっとできない。だけど大役を引き受けるのは荷が重いし、クラス中の視線を一身に浴びるなんて、想像しただけでも緊張する。Fまるで自分のことみたいに、心臓がきゅっと縮む。

と、私が思わずスカートの裾(すそ)をにぎりしめた、その瞬間だった。しおりが観念したように、小さく首を縦にふるのが見えたのは。

――あ。

「おお、瀬川！　やってくれるか！」

すかさずザワ先がうれしそうに声を上げ、それを合図に、周りの空気がふっとゆるむ。

「はー、ラッキー……」

「や、でもまだひとり決まっただけじゃん」

あちこちで交わされ始める、ほっとしたようなため息とささやき。それに耳をかたむけながら、けれど私はまだ、なんだかそわそわと落ち着かなかった。なんだろう、のどの奥がつっかえたようなこの感じ。Gさっきまで私だって「他人事」だって思ってたのに、ひとりうつむくしおりを見てたら、いてもたってもいられない気分になったんだ。

――私また、見ないふりしようとしてるんだ。みんなと同じ、自分は無関係だって顔をして。

そんなの、ダメだ。

づいてしまったら、もう「日向」にはいられなくなる。また、みじめな日々に逆戻りしてしまう。そんな確信があったから。

だけど——。

こみ上げたため息をのみこんで、ほおづえをつく。と、その時ザワ先が、「えー、あとは応援旗係だな」と、あごをさすりながら言ったのが耳に入ってきた。

うちの学校の体育祭では全学年、一組から五組までがそれぞれのクラスカラーに分かれて、競い合うことになっている。クラスカラーごとの応援旗を製作するのは、二年生の役割だ。だけど他の係と比べて圧倒的に骨の折れる仕事だし、応援旗のできばえも審査対象になるから責任重大ってことで、毎年やりたがる人は少ないらしい。「放課後残んなきゃダメだし最悪だよ」って、何年か前、中学生だったお姉ちゃんも言っていたっけ。

——たぶん、押しつけ合いになるんだろうなあ……。

なんて思ったそばから、「じゃ、まずは花形の応援旗係から決めるかあ。さっそくだが立候補(りっこうほ)いないかー?」と、ザワ先の声が飛んだ。その一声で、予想どおり教室には、さっと「ゆずり合い」の空気が流れ始める。さっきまでひそひそ飛びかっていたおしゃべりがやみ、かわりに、よそよそしい視線が教室の中を行き来する。だれか手を挙げてくれないかな、早く決まってくれないかな——みんな、まるで他人事(ひとごと)なんだ。私も含めて。

と重たい空気を断ち切るように、さえた声が響いたのは、その時だった。

「あの、立候補じゃなくて、意見なんですけど」

手を挙げてそう言ったのは、学級委員の矢代(やしろ)くんだ。ザワ先が、お、というふうにそちらに目を向ける。

「はい、矢代。どんな意見だ」

「や、思ったんですけど、うちのクラスって、美術部の人いないんですか? どうせなら、そういうの得意な人が率先してやってくれたほうが、クラスのためにもなると思うし」

淡々とした口調で、矢代くんは言う。だけど感情的でないぶん、説得力はある気がした。他の子たちもすっかり納得したように、あちこちでうなずき合っている。

「あー、たしかにそうかも」

それは、風景画だった。
キャンバスの真ん中にまっすぐ延びるのは、小砂利（こじゃり）が散らばる一本道。両わきの田んぼには水が張られて、鏡のように空を映し込んでいる。その上に広がる本物の空は、水色とオレンジが混じり合った、淡い夕暮れの色をしていた。
ありふれた景色。なのにその絵だけ、なぜかぴかりと光って見えた。夕暮れの涼やかな風が足元を吹き抜けたような気がして、胸がどきどきする。だれの絵なんだろう？　これだけ上手なら三年生の先輩か、もしかすると、先生が描いたものかもしれない。
気がつくと、キャンバスに手を伸ばしていた。
そうっと裏返し、木枠の隅っこに鉛筆で走り書きされたサインを見つける。
と、同時に、息が止まった。
D——嘘（うそ）。
そこにあったのは、まぎれもなく、しおりの名前だった。
嘘だ、ともう一度、私は思う。
チャイムが鳴って、私はあわててキャンバスを元の場所に戻す。耳をすますと、廊下をばたばたと走る、たくさんの足音が近づいてくるのが聞こえた。
だけど私はその場から動くことができず、呆然（ぼうぜん）と立ち尽くしていた。
美術の授業はスニーカーのスケッチだった。けれど頭の片すみにしおりの絵がちらついて、私は終始うわの空。言うまでもなく、スケッチはさんざんな出来だった。
そんなわけで、六時間目のHRのはじめ、私はぐったりと机につっぷしていた。
「おい、お前らー、いつまでザワザワしてる！　HR始めるぞー」
さっきから黒板の前で手をたたいているのは、クラス担任のザワ先だ。
——私このままでいいのかな。しおりからも、絵を描くことからも離れたままで。
考えてみれば、そういう迷いはいつだって心の奥にあった気がする。だけどずっと、気づかないふりをしていた。気

「わ、あそこ、染谷（そめたに）先生発見！」

隣で芙美（ふみ）の華やいだ声がして、私はグラウンドに目をやった。

視線の先では、数学の染谷先生が、クラスの男子数人とサッカーボールを蹴（け）って遊んでる。スーツで砂けむりを散らして駆け回る先生は、今年入ったばかりの新任とあって「教師」というよりは、「大学生のお兄さん」みたいに見える。

「やーっ！　かっこいい！　ていうか笑顔、かわいすぎ！」

さっきから手すりに身を乗り出して黄色い声を上げている芙美は、このところ染谷先生にすっかり夢中だ。先生の姿を見かけるたびに、ほっぺたを染めてはしゃいでる。

「ほんとだ。ソメ先、けっこううまいじゃん、サッカー」

「よかったねー、芙美！　こんなアリーナで拝めてさ」

朱里（あかり）とりっちゃんも便乗して盛り上がる中、私はなんとなくその空気についていけず、ただぎこちないほほえみを浮かべていた。グループのみんなはもれなく恋バナ好きだけど、正直なところ、私は恋とかってよく分からない。小学生の時はアニメや漫画のキャラについてあれだけ熱心にしおりと語れたのに、中学生になって対象が現実の男の人になったとたん、気おくれするようになってしまった。

――ダメだなあ、私。いつまでも、ひとりだけ子どもっぽくて……。

朱里たちと一緒にいると、ときどき、今みたいにさみしくなる瞬間がある。C みんなと一緒にいるのに、なぜか、ひとりぼっちでいるような感覚になる。

ふう、と小さく息を吐いて、私は欄干に背中を預ける。そのまま美術室のほうにぼんやりと目をやって、そしてふと視線をとめた。正面の壁沿いに置かれた木製の棚。その上にキャンバスが数枚立てかけてあるのが見えたからだった。

もしかして、美術部の？　気づいた瞬間、心臓が小さく音を立てて鳴った。

もっと近くで見てみたい。そう思った。

彫刻刀の傷跡の残る机の間を横切って、つきあたりの棚の前で足を止める。キャンバスは、全部で六枚あった。静物画、抽象画、部員同士を描いた人物画もある。どれも上手ではあったけど、私の目は、その中の一枚に釘づけになっていた。

慣れない恋バナやおしゃれ談義にも、笑顔であいづちを打てるようになった。

もうだれも、私を指さして笑ったりしないし、バカにすることだってない。みんなと同じタイミングで笑ったり驚いたりさえしていれば、日々は平和に過ぎていく。それはもう、思わず感動するぐらい、毎日は、格段に過ごしやすくなっていた。

だけど……しおりのほうは、そうじゃなかったんだ。

一年生のころ、廊下の端の教室の中に、ひとりうつむいているしおりの姿をよく見かけた。

そんな時、しおりの机には、決まってスケッチブックが開かれていた。まるでそれが、一種のお守りか何かみたいに。

周りのおしゃべりや笑い声から切り離されて、黙々と鉛筆を走らせるしおりの横顔は、遠くから見てもひどく目立った。

話しかけなきゃ。手をふらなきゃ。「しおり！」って、笑顔で呼びかけるだけでいい。そうしたら、しおりはほっとした顔になって、手をふり返してくれるだろう――。

そう分かっていたのに、いざとなると、私はしおりに声をかけることができなかった。いたたまれなくて、後ろめたい。罪悪感はいつだってあったのに、いつしか私は、しおりの教室の前を足早に横切るようになっていた。

理由はひとつ。しおりに話しかけることで、自分も「そっち側」だって他の子たちに思われるのが、私は、怖かったんだ。

「日向（ひなた）」と「日陰」の境界線――それが、私たちをくっきりと分ける。

そのことに、早くからしおりも気づいていたんだろう。廊下やトイレですれちがう時、しおりはもう、私のほうを見ようとはしなかった。かたくなにうつむいたまま、すばやくきびすを返し、そっと背中を向ける。

ケンカをしたわけでも、お互いを嫌いになったわけでもない。なのに、私たちはそうやってどんどん離れていって、一年ぶりに同じクラスになった今、もう「おはよう」や「バイバイ」さえ交わさない。まるで最初から［ 2 ］の他人だったみたいに。

うちの中学校の美術室は校舎の最上階の南向きにあるから、他のどの教室よりも空が近い。特にグラウンドを見下ろせるベランダは、絶好の日向ぼっこスポットだ。

ていた。
待ち合わせは、中学校の校門の前。七分咲きの桜の下に、ワンサイズ大きく見えるしおりの制服姿を見つけた時、私は迷わず、まっすぐに走っていった。
「しおり！」
名前を呼ぶと、落ち着かなげに足元ばかり見ていたしおりが、ほっとしたように顔を上げた。でも……笑みが浮かんだのは一瞬だった。駆け寄ってきた私を見るなり、しおりがはっと頬(ほお)をこわばらせたからだった。
「なんか、雰囲気変わった？　葉子っぽくないっていうか……」
「……変、かな？」
遠慮がちなしおりの言葉に、さっきまでの高揚感がみるみるしぼんで、私は顔をくもらせた。すると、あわてたようにしおりがぶんぶんと首を横にふった。
「全然！　変じゃない。かわいいよ、すごく。だけど――」
言いよどんだ後、「……ごめん、見なれてないからだね。きっと」と、しおりは自分に言い聞かせるようにつぶやいて、小さく笑った。なぜか、とてもさみしそうに。
今になって思えば、あの時しおりは、すべてをさとっていたのかもしれない。
あの後、初めてのクラス発表で、お互いがばらけてしまうことも。
そして、A私たちの距離が、やがて開いていってしまうことも。

中学校生活は、小学校のころとはまるで別物だった。
「ねえねえ、名前、なんていうの？」
「葉子ちゃん、よかったらこっちおいでよ。一緒にしゃべろう」
そんなふうにクラスの子たちが気さくに声をかけてくれるたび、なんだか夢か冗談みたい、と私は思った。だって見た目が変わっただけで、B周りの反応がこんなにもちがうなんて。こんなにも、世界がやさしくなるなんて――。
休み時間を一緒に過ごす友達ができた。

ない？」

――あ。

その一言に、私は、はっと目をみはる。

運動はからきし、勉強もイマイチ。教室の中ではさえなくて、クラスメイトからも先生からも、いつだって相手にされなくて、だけど私もしおりも、絵を描くことは人よりも少しだけ得意だった。その、ちっぽけで大きなプライドを、しおりも持っていたなんて。

「……うん、すごいね。そうなったら、ほんとにすごいよ」

力を込めてうなずくと、しおりは、「でしょ？」と、まぶしそうに目を細めた。

その横顔を見つめながら、どこまでも行けそうだ、と、生まれて初めて私は思った。しおりがいるなら、一緒なら。

それはもう、予感じゃなくて、確信だった。

なのにどうしてこうなったのか――きっかけは、きっと私のほうにある。

「あのさ、葉子。中学生になったら、もうちょっと、身なりに気をつかいなよ」

小学校の卒業式を間近にひかえた、ある日のこと。高校生のお姉ちゃんに、いきなり言われた。きょとんとまばたきをする私に、こちらが気おくれしそうなぐらいの真剣さで、お姉ちゃんは言葉をつづけた。

「中学校ってシビアなんだから。そんなダサいメガネじゃ、絶対いじめられちゃうよ」

それに――と、今度は目をふっと細めると、お姉ちゃんは私のおでこを指で弾いた。葉子、最近かわいくなったじゃん。今のまんまじゃもったいないよ。その一言に、とん、と背中を押された気がした。

その春休み、私は生まれて初めてコンタクトを作り、隣町のおしゃれな美容院で髪を切った。セーラー服の着こなし方と、寝ぐせの直し方も、お姉ちゃんから教わった。

初めて姿見の前に立った時の衝撃は、今でも、ちょっと忘れられない。

入学式の朝、お姉ちゃんにどしんと背中をたたかれて家を出た。この姿を見たら、しおりはなんて言ってくれるだろう？　似合ってるね、いい感じだよってほめてくれるだろうか――そう思うと、胸がどきどきして、自然と早足になっ

問六　――線E「かつての人間たちは、要するにみんな、スロー・リスナーであり、スロー・リーダーだったのである」とありますが、なぜ「かつての人間たち」はみんな「スロー・リーダー」や「スロー・リスナー」だったのですか。その理由を簡潔に答えなさい。

問七　――線F「網羅型の読書」とありますが、どのような読書のことですか。文中の言葉を使って説明しなさい。

問八　――①、②、⑤のカタカナを漢字に直し、――③、④の漢字の読みをひらがなで答えなさい。

二　次の文章を読んで、後の問いに答えなさい。

あれは、いつのことだったんだろう。帰り道の途中で、しおりがふいにそう言った。アスファルトの道の両側に広がる田んぼにはレンゲの花が咲き乱れ、夕空にツバメが二羽、すべるように飛んでいたことを、今でも鮮やかに思い出せる。

私は足を止めて、小さな声でぽつりと答えた。

「私は……絵を描く人になりたいんだ」

言葉にしたとたん、恥ずかしさで顔が真っ赤になるのが分かった。だって、自分でも、痛いぐらいに分かってたから。こんな田舎（いなか）のちっぽけな小学校の中でさえ、簡単にうもれてしまう私が、そんな大それた夢、叶（かな）えられるはずがないってことぐらい。

だけど――驚いたことに、しおりは満面の笑みを浮かべて言ったんだ。

「やっぱり！　そうじゃないかと思ってたんだ。あのね、私も一緒なんだ。将来の夢」

あっけに取られてぽかんと立ち尽くす私の手を、しおりの手がふんわりと包み込む。そうして私の腕を軽く上下にふりながら、楽しげに声を［ 1 ］。

「だってさ、もし画家になれたら、自分の絵が、何十年何百年先に残るかもしれないんだよ。それって、すごいことじゃ

注1　伏線……………小説などで後の展開に備えてそれに関連した事柄を前のほうでほのめかしておくこと。その事柄。
2　プロット……小説などのすじのこと。
3　網羅…………残らず取り入れること。
4　恒常的………一定して変わらない様子。
5　過剰…………ありあまること。

問一　――線A「一冊の本にできるだけ時間をかけ、ゆっくりと読むこと」とありますが、これと反対の意味をもつ言葉を文中から漢字二字で抜き出しなさい。

問二　――線B「損をしないための読書」とありますが、筆者の考える「損」とは何ですか。文中の言葉を使って説明しなさい。

問三　――線C「この読書法」とありますが、これはどのような読書法ですか。解答欄に合うように、文中から十字以内で抜き出しなさい。（句読点等を含まない）

問四　[D]に入る漢字二字の言葉を文中から抜き出しなさい。

問五　次の段落は文中の【Ⅰ】～【Ⅲ】のうち、どこに入るのが適当ですか。記号で答えなさい。

> しかし、読書を今よりも楽しいものにしたいと思うなら、まずはそうした、書き手の仕掛けや工夫を見落とさないというところから始めなければならない。

けどCDは三枚しか持っていません」と言ったとしたら、誰でも、「おまえ、ちょっとアタマ冷やせ」と言いたくなるだろう。私たちは、ともかくも、手に入る情報を一通り揃えておかなければ、何もできないというような世界に生きている。しかし、そうした時代の文学や音楽が、その分、質的に豊かになったかといえば、誰もが答えに戸惑うだろう。

Eかつての人間たちは、要するにみんな、スロー・リーダーであり、スロー・リスナーだったのである。

個人的な経験からしても、中学や高校時代には、そもそもお金の余裕がなかったから、月の初めに小遣いをもらって、欲しかった本とCDとを買えば、⑤サイフはすぐにスッカラカンになって、あとは翌月まで、ひたすら同じ本を読み、同じCDばかりを聴いていた。しかし、そうした頃に出会った小説や音楽は、細部まで今でもはっきりと覚えているし、自分に非常に大きな影響を与えたものとして特別な愛着を感じられる。

しかし、大人になって一度に二〇枚ものCDを買い、スキップしながらざっと聴き飛ばしてしまったようなアルバムや、必要に迫られて、つい速読してしまったような本の中には、ほとんどマトモに内容も覚えていないようなものもある。これは無意味であるという以上に、なんとなく寂しいことだ。

私たちは、どうやってもかつての世界には戻れない。これは事実である。そして、これからも、恐らくは今以上に大量の情報に囲まれながら生活してゆくことだろう。私たちは、そのすべてを網羅（注3）する必要はないし、すべてを網羅することは不可能である。もちろん、いろいろなタイプの本を読むことは大切である。自分だけの趣味に固執し、今の自分を肯定してくれるような本ばかり読んでいては、ますます視野を狭めていってしまうことになる。しかし、読書量は、自分に無理なく読める範囲、つまり、スロー・リーディングできる範囲で十分であり、それ以上は無意味である。

私たちは、情報の恒常的（注4）な過剰供給（注5）社会の中で、本当に読書を楽しむために、「量」の読書から「質」の読書へ、F網羅型の読書から、選択的な読書へと発想を転換してゆかなければならない。

——『本の読み方　スロー・リーディングの実践』平野　啓一郎　より——

PHP文庫　刊

ちゃんとそれに気がついてくれ、その分、深く小説を理解し、楽しんでくれる人たちが必ずいるのである。逆に、スロー・リーディングしてもらえれば、十分に理解できるはずの事柄が読み落とされてしまっているときには、やはり寂しい気持ちになる。

そう、書き手はみんな、自分の本をスロー・リーディングしてもらう前提で書いているのである。

書店に足を運んで、日々、洪水のように押し寄せる新刊本の波に呆然（ぼうぜん）とする経験は、誰にでもあるだろう。今なら、アマゾンの広告メールなどでも、新刊情報は絶えず手もとに届けられている。一体、何を読んで、何を読まなくていいのか、さっぱり分からない。選択の可能性が増えたといっても、手に負える限度というものがある。結果、評判になっているベストセラー本でも読んでみるか、というようなことになる。

私たちは、数十年前に比べて、はるかに容易に、はるかに多くの本を入手できるようになった。しかし、そのおかげで、私たちはかつての人間よりも知的な生活を送っていると言うことができるだろうか？　どうも、そうでもなさそうである。

なぜだろうか？

グーテンベルクによって活版印刷技術が発明されるまで、書物は当然、手書きであり、それだけに貴重品で、そもそも一般にはほとんど流通していなかった。それでも、当時の人たちは、その少ない情報だけを手がかりにしながら、今日にも通じるような深い思索を行っている。カントやヘーゲルが生涯に読破した本の冊数が、今から考えれば意外なほど少なかったからといって、彼らを無知で愚（おろ）かな人間だと言う人はいないだろう。

本に限らず、たとえば、音楽の世界でも同じことが言える。ジャズ・ミュージシャンのマイルス・ディヴィスは、子供の頃にはレコードをほとんど持っていなかったらしい。音楽は、生演奏か、ラジオで聴くしかなかったわけだが、それを言うなら、二〇世紀以前のクラシックの音楽家たちは、バッハでも、モーツァルトでも、彼らが生涯に聴くことができた曲の数というのは、ごくごく限られたものであったはずだ。今のクラシック・マニアの何十分の一、何百分の一程度だったかもしれない。

では、現代はどうだろうか？　身近な友人が、プロのミュージシャンになりたいと言い出したとする。その彼が、「だ

私がこの読書法をおすすめしたいのは、私自身が、作家になる前となった後とでは、本の読み方が変わってきたこと、それによって本に対する理解が深まったことを実感しているからである。中学、高校時代に、単に一読者として小説を読んでいた頃には気がつかなかった様々な仕掛けや工夫に注意を払うようになってから、私は改めて、読書は面白いと感じるようになった。そして、私だけではなく、実は D の多くは、他人の本を読むときにも、やはり書き手の視点で読む、という作業を行っているのである。

【Ⅰ】

推理小説が好きな人は、最後の謎解きのための「伏線」[注1]に注意しながら本を読む習慣があるだろう。年季の入った愛好家は、そうした伏線のパターンをたくさん知っているから、次第に最後まで読まずとも、結末が読めるようになってくるものである。

【Ⅱ】

推理小説というジャンルに明瞭(めいりょう)に見て取れる伏線は、実は、他のジャンルの小説にも様々に張り巡らされており、それだけでなく、論文やエッセイの中にも、大抵、仕込まれているものである。一般的に、推理小説以外のジャンルでは、謎解きが読書の最終的な到達点ではない。だから、ここでいう伏線も、必ずしも、具体的な結末に結びつくものではなく、作者が読者に②ウッタえたいことだとか、登場人物の繊細な感情の動きだとか、そういったプロット[注2]とは関係のないことを準備する場合がある。前の場面で、登場人物が見せたちょっとした仕草が、次の場面での言動の意味を左右する、といったように。こうした伏線は、見落としてしまったとしても、推理小説の謎解きのように、小説がそこから先へは進めないということには必ずしもならない。だから、速読の際には、しばしば見落とされてしまうのである。

【Ⅲ】

作家のタイプにもよるが、たとえば、三島由紀夫などは、様々な技巧に非常に自覚的な作家だったので、スロー・リーディングすると、ここまで気をつかうのか！　というほど、細かな仕掛けがいくつも見えてくる。しかし、その多くは、実はほとんどの読者に気づかれないまま、③埋蔵金のように（！）今も小説の至るところに眠っているのである。

私自身も、もちろん、小説を書くときには、人に話せば笑われるほど、実は些細(ささい)な点にまでいろいろな工夫を④施している。そんなことは単なる自己満足じゃないかと言う人もいるかもしれない。しかし、読者からの感想を読んでいると、

二〇二一年度　女子美術大学付属高等学校

【国　語】（五〇分）〈満点：一〇〇点〉

一　次の文章を読んで、後の問いに答えなさい。

「スロー・リーディング」とは、A一冊の本にできるだけ時間をかけ、ゆっくりと読むことである。鑑賞の手間を惜しまず、その手間にこそ、読書の楽しみを見出す。そうした本の読み方だと、ひとまずは了解してもらいたい。スロー・リーディングをする読者を、私たちは、「スロー・リーダー」と呼ぶことにしよう。

一冊の本を、価値あるものにするかどうかは、読み方次第である。たとえば、海外で見知らぬ土地を訪れることをイメージしてみよう。出張で訪れた町を、空き時間のほんの一、二時間でザッと見て回るのと、一週間滞在して、地図を片手に、丹念に歩いて回るのとでは、同じ場所に行ったといっても、その理解の深さや印象の強さ、得られた知識の量には、大きな違いがあるだろう。旅行は、行ったという事実に意味があるのではない（よくそれを①ジマンする人もいるが）。行って、どれくらいその土地の魅力を堪能（たんのう）できたかに意味がある。

読書もまた同じである。ある本を速読して、つまらなかった、という感想を抱くのは、忙（せわ）しない旅行者と同じかもしれない。じっくり時間をかけて滞在した人が、「えっ、あそこにすごくおいしいレストランがあったのに！　行かなかったの？　あそこの景色は？　えっ、ちゃんと見てないの？」と驚き、不憫（ふびん）に感じるのと同じで、スロー・リーダーが楽しむことのできた本の中の様々な仕掛けや、意味深い一節、絶妙な表現などを、みんな見落としてしまっている可能性がある。速読のあとに残るのは、単に読んだという事実だけだ。スロー・リーディングとは、それゆえ、得をする読書、B損をしないための読書と言い換えてもいいかもしれない。

丁寧に本を読むという意味では、昔から、「熟読」、「精読」といった言葉があるが、スロー・リーディングは、そうした読書態度を包括（ほうかつ）するものとして理解してもらえればよいだろう。その方法の一つとして、たとえば本書では、書き手の視点で読む、書き手になったつもりで読む、という読み方を紹介している。

英語解答

1
1 ア 2 ア 3 エ
4 入院，父親 5 ウ
6 stopped 7 鍵 8 イ
9 ア 10 エ
11 I must give you some dinner
12 イ 13 3
14 毎日食べ物と水をあげること
15 9 16 D 17 イ，オ

2
1 When 2 day 3 August
4 Here 5 did

3
1 ア 2 イ 3 イ 4 ウ
5 ウ

4
1 Don't go 2 told, to
3 each other 4 made her
5 is able

5
1 boxes 2 sang 3 aunt
4 racket 5 down

6
1 easiest 2 heard
3 eating 4 brought
5 speaking

7
1 are ready to leave for London
2 What is this flower called in
3 looked tired, Tuesday
4 It will, cloudy
5 Shall I open the window ?
6 My sister sometimes takes care of the dog.

1〔長文読解総合―物語〕

≪全訳≫❶ジェイク・スティーブンスは，サンフランシスコにあるアメリカのコンピュータ会社のバナナテック社で働いていた。ダブリンのバナナテック社が同社の最新のコンピュータゲームについての支援を必要としていたので，彼はアイルランドにいた。ジェイクはゲームの製作者なので，それについて全てを知っていたのである。❷彼がダブリン空港に到着すると，１人の旧友がそこで彼を出迎えた。❸「やあ，アル！」とジェイクは言った。アルはかつてサンフランシスコのオフィスで働いていたが，現在はダブリンで働いていた。❹「やあ，ジェイク！」とアルは答えた。「調子はどうだい？」❺ジェイクは，「上々だよ」と彼に言った。❻そして，ジェイクはアルの連れを見た。❼「こちらはどなた？」と彼は尋ねた。❽「ブリジッドだよ」とアルは言った。「ここのオフィスで働いているんだ」❾「こんにちは，ブリジッド」とジェイクは言った。❿「こんにちは，ジェイク」とブリジッドは答えた。⓫「うむ」とジェイクは思った。「アイルランドは初めてだけど，ここは気に入ったぞ！」 そして彼はアルのバッグを見た。⓬「出発するところかい？」と彼は尋ねた。⓭「ああ。ロサンジェルス行きの次の飛行機に乗るつもりさ」とアルは言った。⓮「ロサンジェルス！」とジェイクは言った。「でも，どうして？」⓯「父が入院しているんだ。かなり重症でね」とアルは言った。「彼に会いに行かなくてはならないんだ」⓰「ああ！」とジェイクは言った。「それはすまなかった，僕は…」⓱「さて」とアルは言った。「もう行かないと。僕の飛行機はもうすぐ出発だ。ブリジッドが全部教えてくれるよ。ではまた！」⓲「ではまた！」とジェイクは言った。アルは立ち去った。それから，ジェイクはブリジッドを見た。「さて，どうしましょうか？」と彼は尋ねた。⓳「街までタクシーで行きましょう」と彼女は言った。「あなたはアルのマンションに滞在することになっています」⓴「ああ，わかりました」とジェイクは言った。彼はほほ笑んだ。「もしかしたら夕食をご一緒できますね」㉑彼女はほほ笑み返して「もしかしたらね」と言った。㉒彼らはタクシーで市街地へ向かった。20分後，彼らは高層ビルの前で止まった。「アルはここに住んでいます」とブリジッドが言った。「これはバナナテック社のマンションです。あなたはこちらの鍵をどうぞ，私もオフィスに１つ持っています」㉓「わかりました」とジェイクは言った。㉔彼らは８階に上がった。マンションはとてもすばらしかった。白い壁には絵がかかっていた。黒いテーブルの上にはテレビがあり，窓の側には青いテーブルがあった。25「アアア！」　何かが叫んだ。26ジェイクはすぐに部屋を見回した。「あれは何ですか？」と彼は尋ねた。27ブリジッドはほほ笑んだ。「あれはパーシーです」と彼女は言った。彼女は赤いテーブルの方へ歩み寄った。テーブルの上にはおり〔鳥かご〕があり，その中には緑色と黄色の美しい鳥がいた。28「パーシーに挨拶なさって」とブリジッドは笑った。「彼はアルのオウムです」29「オウム！」とその鳥は叫んだ。「アルのオウム！」30「彼はブラジルから来たんです」とブリジッドは言った。「アルは彼に言葉を教えているんですよ」31「おお」とジェイクは言った。「えっと，僕は鳥が好きなんです。だから，大丈夫ですよ。やあ，パーシー」32「パーシー！」とその鳥は叫んだ。33「彼の食事はおり〔鳥かご〕の隣の小さなビンの中にあります」とブリジッドは言った。「彼に毎日忘れずに食べ物と水をあげてください」　彼女はドアへ向かった。「明日９時にあなたを迎えに来ます。オフィスには歩いて行けますよ」34「わかりました」とジェイクは言った。「でも，夕食はどうしますか？　静かな小さなレストランが見つかるでしょうし，僕に教えてくれますか…」35彼女はほほ笑んだ。「今夜はだめですよ」と彼女は言った。「アルがあなたのために食事を準備したのです」36「では，明日の夜はいかがですか？」とジェイクは尋ねた。37ブリジッドは笑った。「もしかしたらね。朝お会いしましょう」38「ええ」と彼は言った。39彼女が去ると，ジェイクはほほ笑んで，おり〔鳥かご〕の方へ歩み寄った。「僕はブリジッドが好きだよ」と彼はオウムに言った。「でも，今夜は１人ぼっちの夕食だ，パーシー。それにまず，君に夕食をあげないとね」40「ブリジッドが好き！　ブリジッドが好き！」とその鳥は叫んだ。「１人ぼっちの夕食！」

1＜語句解釈＞第１段落最終文参照。the writer of the game「ゲームの製作者」である。

2＜適語選択＞直前の「かつてサンフランシスコのオフィスで働いていた」と直後の「現在はダブリンで働いていた」をつなぐ語として，‘逆接’の but「しかし」が適切。

3＜適語選択＞直後の OK は「上々だよ」につながる問いかけとして，How are you doing？「調子はどうだい？」が適切。

4＜文脈把握＞第15段落参照。be in hospital は「入院している」という意味。

5＜要旨把握＞第22段落参照。空港でタクシーに乗ってから20分後に，アルの住む高層マンションに到着した。

6＜語形変化＞本文の会話以外の部分は，過去形で書かれている。　stop－stopped－stopped

7＜指示語＞one は直前に出た名詞を指す。ここでは文の前半に「この鍵を使ってください」とあり，自分もオフィスに１つ持っていると言っているので，この one は key「鍵」と判断できる。

8＜語句解釈＞cage は「おり，鳥かご」という意味。

9＜適語選択＞このブリジッドの言葉を受けて，ジェイクは第31段落でオウムのパーシーに「やあ」と呼びかけているので，say hello to ～「～に挨拶する，～によろしく言う」とするのが適切。

10＜文脈把握＞すぐ後でブリジッドは「アルがあなたのために食事を準備した」と言っている。

11＜整序結合＞第33段落第２文でジェイクは，パーシーに毎日忘れずに食べ物と水をあげてほしいと言われているので，ここでは自分の食事の前にまず，パーシーに夕食をあげなければならないと言っていると考えられる。「～しなければならない」は must ～ で表す。「〈人〉に〈物〉をあげる」は‘give＋人＋物’の語順。

12＜語句解釈＞一緒に食事をしたいと思っていたブリジッドが帰ってしまったため，ジェイクは１人ぼっちで夕食を食べることになったと，パーシーに語りかけたのである。

13＜要旨把握＞第24段落第４文より，部屋には黒いテーブルと青いテーブルが１つずつあることがわかる。また，第27段落第３文より，赤いテーブルも１つあるとわかる。

14＜要旨把握＞第33段落第２文参照。remember to ～ は「忘れずに～する」，‘give＋人＋物’は

「〈人〉に〈物〉をあげる」。

15＜要旨把握＞第33段落第４文参照。at nine o'clock「９時に」とある。

16＜適所選択＞抜けている文は「『では，明日の夜はいかがですか？』とジェイクは尋ねた」という意味。第35段落でブリジッドは「(一緒に食事をするのは)今夜はだめですよ」とジェイクの誘いを断っているので，Dに入れるのが適切。

17＜内容真偽＞ア…×　第３段落参照。アルはかつてジェイクと同じサンフランシスコのオフィスで働いていたとあるが，学生時代からの友人という記述はない。　イ…○　第11段落第１文に一致する。　ウ…×　第26段落参照。「あれは何ですか？」と尋ねた。　エ…×　第30段落第２文参照。　オ…○　第33段落最終文に一致する。

2〔適語補充〕

1．日付を答えているので，誕生日はいつかと尋ねる文が適切。「いつ」を尋ねる疑問詞は when。「ミチオの誕生日はいつですか」―「３月５日です」

2．「金曜日です」と答えているので，曜日を尋ねたのだとわかる。What day is it today？で「今日は何曜日ですか」。　「今日は何曜日ですか」―「金曜日です」

3．'between *A* and *B*' で「*A*と*B*の間」。「８月」は August。　「７月と９月の間の月は８月だ」

4．Here you are. は「はいどうぞ」と相手に差し出すときの決まった言い方。　「パスポートを見せてください」―「もちろんです。はいどうぞ」

5．一般動詞の疑問文に対する答えの文では，原則として，動詞の繰り返しを避けて do〔does/did〕を用いる。質問文の動詞 sent は send の過去形なので，答えの文も過去形 did にする。　「誰がこのＥメールを送りましたか」―「ケンです」

3〔適語(句)選択・語形変化〕

1．Taking pictures of animals「動物の写真を撮ること」が主語。動名詞(～ing)は単数扱いなので，be動詞は is が適切。　「動物の写真を撮ることはとても楽しい」

2．'from *A* to *B*' で「*A*から*B*まで」。　「私の兄〔弟〕は月曜日から土曜日まで働く」

3．「上手に」を表す副詞は well。　「カレンはテニスを上手にする」

4．'完了' を表す現在完了('have/has＋過去分詞')の文において，「まだ～していない」は yet で表せる。　「私はまだレポートを仕上げていない」

5．空所の直後に by「～によって」があるので，「多くの人によって買われている雑誌」という意味になると推測できる。受け身の意味を表す形容詞的用法の過去分詞が直前の名詞を修飾する形にする。　buy－bought－bought　「これは世界中で多くの人に買われている雑誌だ」

4〔書き換え―適語補充〕

1．「夜は外出してはいけません」　「あなたは～してはいけない」という '禁止' を表す You must not ～ の文は，禁止の命令文 'Don't＋動詞…' を使って書き換えられる。

2．「ヤマモト先生は私に『お年寄りに親切にしなさい』と言った」→「ヤマモト先生は私にお年寄りに親切にするように言った」　'tell＋人＋to ～' で「〈人〉に～するように言う」。

3．「ジャックはトムを助け，トムもジャックを助ける」→「ジャックとトムはお互いに助け合う」Jack and Tom を主語とし，「(２人は)お互いに助け合う」という意味の文に書き換える。「お互いに」は each other。

4．「彼女は彼からの手紙を読み，そしてとてもうれしくなった」→「彼の手紙は彼女をとてもうれしくさせた」　His letter「彼の手紙」を主語とし，'make＋目的語＋形容詞'「～を…(の状態)にする」を使って書き換える。

5．「コリンは3つの言語を話すことができる」　「〜できる」は be able to 〜 で表せる。主語が3人称単数の Collin なので，be動詞には is を用いる。

5〔単語の関連知識〕

1．名詞の単数形と複数形の関係。box「箱」の複数形は boxes。

2．動詞の原形と過去形の関係。sing の過去形は sang。

3．father「父」と mother「母」は対になる関係。uncle「おじ」と対になるのは aunt「おば」。

4．baseball「野球」では bat「バット」で，tennis「テニス」では racket「ラケット」でボールを打つ。

5．inside「中で，中に」の反対が outside「外で，外に」。up「上へ」の反対は down「下へ」。

6〔語形変化〕

1．直前に the があり，直後に of the three という‘範囲’を表す語句があるので，最上級にする。easy－easier－easiest　「この質問は3つの中で一番簡単だ」

2．‘経験’を表す現在完了（‘have/has＋過去分詞’）の疑問文。hear「聞く」の過去分詞は heard。hear－heard－heard　「あなたはこれまでにその歌を聞いたことがありますか」

3．前置詞の後に動詞を置くときは，動名詞（〜ing）にする。before 〜ing で「〜する前に」。「食べる前に手を洗いなさい」

4．the cup「そのカップ」が主語なので，「もたらされた」という受け身の意味の文にする。受け身形は‘be動詞＋過去分詞’で表す。　bring－brought－brought　「そのカップはずっと以前に日本にもたらされた」

5．電話で「こちらは〜です」と自分の名前を言うときは，‘This is（自分の名前）＋speaking.’と言う。　「もしもし，こちらはボブです」

7〔和文英訳―整序結合・部分記述・完全記述〕

1．「〜する準備ができる」は be ready to 〜 で表せる。「〜へ出発する」は leave for 〜。

2．日本文を「この花は英語で何と呼ばれますか」と読み換える。「*A*を*B*と呼ぶ」は‘call＋*A*＋*B*’で表し，「この花は〜と呼ばれる」は受け身形で This flower is called 〜. と表せる。「何と呼ばれるか」はこの‘〜’の部分を what で尋ねる疑問文の語順になる。「英語で」は in English。

3．「〜に見える」は‘look＋形容詞’で表せる。「疲れている」は tired,「先週の火曜日」は last Tuesday。

4．‘天候’を表す文の主語には it を用いる。「今週末」は未来のことなので助動詞 will を用いる。「曇りだ」は be cloudy。

5．相手に「〜しましょうか」と提案する言い方は Shall I 〜？で表せる。「窓を開ける」は open the window。

6．「〜の世話をする」は take care of 〜 や look after 〜 で表せる。主語が my sister「私の姉」で現在の文なので，動詞には3人称単数の s をつける。「時々」は sometimes を動詞の前に置いて表せる。

数学解答

1 (1) 149　(2) $-9x^5y$　(3) $\dfrac{5\sqrt{2}}{2}$

(4) $\dfrac{11x-8y}{15}$　(5) $y=\dfrac{3}{2}x+\dfrac{1}{2}$

(6) $2(x-6)(x+2)$　(7) $x=0,\ -2$

(8) 36°　(9) (b), (c)　(10) 10通り

(11) $\dfrac{44}{3}\pi$

2 (1) ㋐…150　㋑…300　㋒…450

㋓…150　㋔…155

(2) 10%

3 (1) $\dfrac{1}{2}$　(2) $y=-x$　(3) 8

(4) $2p$　(5) (4, 8)

4 (1) (例)△BQPと△CSPにおいて，半円の弧に対する円周角は90°だから，∠BPQ＝90°　よって，∠CPS＝180°－∠BPQ＝90°より，∠BPQ＝∠CPS……①　また，△ABCはAB＝ACの二等辺三角形だから，∠QBP＝∠SCP……②　①，②より，2組の角がそれぞれ等しいので，△BQP∽△CSP

(2) (ア)…CSP　(イ)…ASQ　(ウ)…AS

1〔独立小問集合題〕

(1)＜数の計算＞$(-5)^2=(-5)\times(-5)=25$，$(-2)^4=(-2)\times(-2)\times(-2)\times(-2)=16$，$(-2)^3=(-2)\times(-2)\times(-2)=-8$より，与式$=-25\times(-5)+16-(-8)=125+16+8=149$となる。

(2)＜式の計算＞$\left(-\dfrac{3}{2}x^2y\right)^3=\left(-\dfrac{3}{2}x^2y\right)\times\left(-\dfrac{3}{2}x^2y\right)\times\left(-\dfrac{3}{2}x^2y\right)=-\dfrac{27}{8}x^6y^3$より，与式$=-\dfrac{27}{8}x^6y^3\div\dfrac{3}{8}xy^2=-\dfrac{27x^6y^3}{8}\times\dfrac{8}{3xy^2}=-\dfrac{27x^6y^3\times8}{8\times3xy^2}=-9x^5y$となる。

(3)＜平方根の計算＞$\sqrt{32}=4\sqrt{2}$，$\dfrac{4}{\sqrt{8}}=\dfrac{4}{2\sqrt{2}}=\dfrac{2}{\sqrt{2}}=\dfrac{2\times\sqrt{2}}{\sqrt{2}\times\sqrt{2}}=\dfrac{2\sqrt{2}}{2}=\sqrt{2}$，$\dfrac{15}{\sqrt{18}}=\dfrac{15}{3\sqrt{2}}=\dfrac{5}{\sqrt{2}}=\dfrac{5\times\sqrt{2}}{\sqrt{2}\times\sqrt{2}}=\dfrac{5\sqrt{2}}{2}$より，与式$=4\sqrt{2}+\sqrt{2}-\dfrac{5\sqrt{2}}{2}=\dfrac{8\sqrt{2}}{2}+\dfrac{2\sqrt{2}}{2}-\dfrac{5\sqrt{2}}{2}=\dfrac{5\sqrt{2}}{2}$となる。

(4)＜式の計算＞与式$=\dfrac{5(5x-2y)-3(x+2y)}{30}=\dfrac{25x-10y-3x-6y}{30}=\dfrac{22x-16y}{30}=\dfrac{11x-8y}{15}$

(5)＜等式変形＞$-2y=-3x-1$として，両辺を-2でわると，$y=\dfrac{3}{2}x+\dfrac{1}{2}$となる。

(6)＜因数分解＞与式$=2(x^2-4x-12)=2(x-6)(x+2)$

(7)＜二次方程式＞$3x^2+6x+2x+4=x^2+4x+4$，$2x^2+4x=0$，$x^2+2x=0$，$x(x+2)=0$　$\therefore x=0,\ -2$

(8)＜図形―角度＞右図1で，$\overset{\frown}{AB}:\overset{\frown}{BC}:\overset{\frown}{CD}:\overset{\frown}{DE}=1:2:3:4$より，$\overset{\frown}{AB}:\overset{\frown}{AE}=1:(1+2+3+4)=1:10$だから，$\angle AOB=\dfrac{1}{10}\times180°=18°$となる。2点B，Cを結ぶと，$\overset{\frown}{AB}$に対する円周角と中心角との関係より，$\angle FCB=\dfrac{1}{2}\angle AOB=\dfrac{1}{2}\times18°=9°$となる。$\overset{\frown}{AB}:\overset{\frown}{CD}=1:3$より，$\angle FCB:\angle CBF=1:3$だから，$\angle CBF=3\angle FCB=3\times9°=27°$となる。よって，△BCFで内角と外角の関係より，$\angle CFD=\angle FCB+\angle CBF=9°+27°=36°$である。

図1

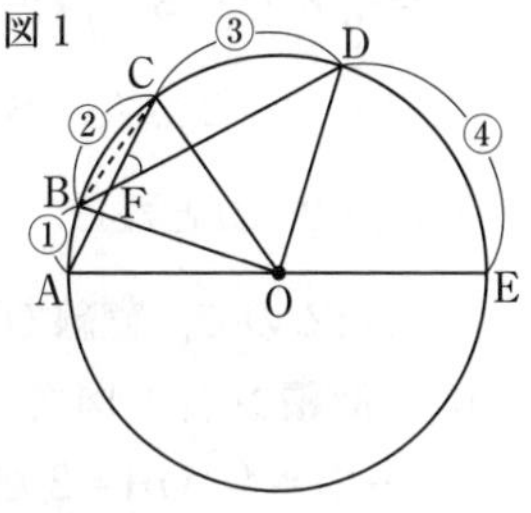

(9)＜正誤問題＞(a)…誤。連続する2つの自然数は，一方が偶数，もう一方が奇数であるから，その和は奇数となる。　(b)…正。円周角の定理である。　(c)…正。$-1.5=-\sqrt{1.5^2}=-\sqrt{2.25}$だから，$-\sqrt{2}>-\sqrt{2.25}$より，$-\sqrt{2}>-1.5$である。　(d)…誤。立方体の辺は12本あるので，ある辺を除くと11本である。ある辺に対して，平行な辺は3本，交わっている辺は4本なので，ねじれの位置

にある辺は，$11-3-4=4$(本)となる。　(e)…誤。絶対値が3となる数は-3と3である。

(10)＜場合の数＞A，B，C，D，Eの5人の生徒を，3人の班と2人の班に分けるとき，2人の班となる2人が決まれば，3人の班となる3人も決まる。2人の班の2人は，(A，B)，(A，C)，(A，D)，(A，E)，(B，C)，(B，D)，(B，E)，(C，D)，(C，E)，(D，E)の10通りあるので，3人の班と2人の班に分ける分け方は，10通りある。

(11)＜図形—体積＞直線 l を軸として1回転させてできる回転体は，右図2のように，底面の円の半径が2，高さが3の円柱と，底面の円の半径が2，高さが2の円錐を合わせた立体となる。よって，求める体積は，$\pi\times2^2\times3+\frac{1}{3}\times\pi\times2^2\times2=12\pi+\frac{8}{3}\pi=\frac{44}{3}\pi$ となる。

図2

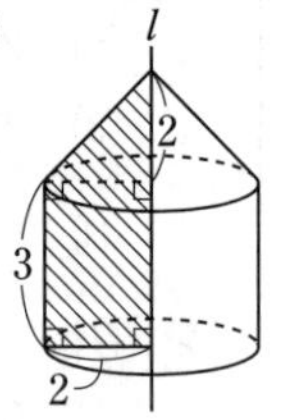

2 〔方程式—連立方程式の応用〕

(1)＜立式＞x％の食塩水A150gと，y％の食塩水B300gを混ぜるので，8％の食塩水は，$150+300=450$(g)できる。このとき，混ぜる前の2つの食塩水に含まれる食塩の量の和と，混ぜてできた食塩水に含まれる食塩の量は等しいから，$150\times\frac{x}{100}+300\times\frac{y}{100}=450\times\frac{8}{100}$……①が成り立つ。また，$y$％の食塩水Bは$450-300=150$(g)残る。これに食塩を5g混ぜるので，食塩水Aと同じx％の食塩水は，$150+5=155$(g)できる。食塩を加える前の食塩水に含まれる食塩の量と，加えた食塩の量の和が，食塩を加えた後にできた食塩水に含まれる食塩の量と等しいから，$150\times\frac{y}{100}+5=155\times\frac{x}{100}$……②が成り立つ。

(2)＜連立方程式＞(1)の①より，$\frac{3}{2}x+3y=36$，$x+2y=24$……①′となり，②より，$\frac{3}{2}y+5=\frac{31}{20}x$，$30y+100=31x$，$31x-30y=100$……②′となる。①′×15＋②′で$y$を消去すると，$15x+31x=360+100$，$46x=460$，$x=10$となるので，食塩水Aの濃度は10％である。

3 〔関数—関数 $y=ax^2$ と直線〕

(1)＜比例定数＞右図で，A(2，2)が放物線$y=ax^2$上にあるから，$2=a\times2^2$が成り立ち，$a=\frac{1}{2}$となる。

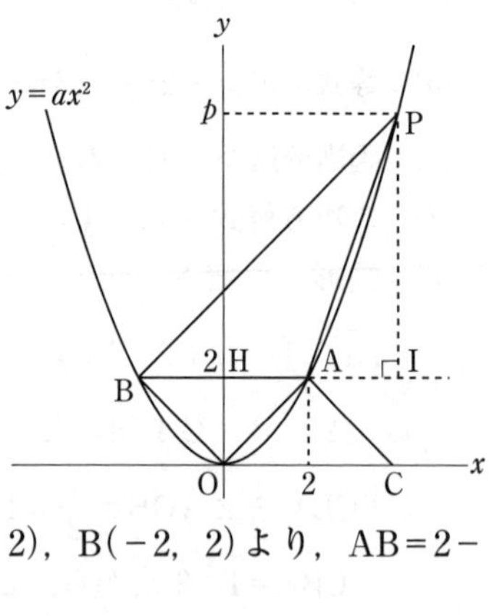

(2)＜直線の式＞右図で，(1)より，2点A，Bを通る放物線の式は$y=\frac{1}{2}x^2$である。四角形ABOCが平行四辺形だから，AB∥〔x軸〕であり，2点A，Bはy軸について対称な点となる。よって，B(-2，2)となる。これより，直線OBの傾きは$\frac{0-2}{0-(-2)}=-1$となるので，直線OBの式は，$y=-x$である。

(3)＜面積＞右上図で，辺ABとy軸との交点をHとすると，A(2，2)，B(-2，2)より，$AB=2-(-2)=4$，$OH=2$だから，▱$ABOC=AB\times OH=4\times2=8$となる。

(4)＜面積—文字式の利用＞右上図で，〔四角形OAPB〕＝△PAB＋△OABで求められる。点Pから辺BAの延長に垂線PIを引く。△PABの底辺を辺ABと見ると，2点P，Aのy座標より，高さは$PI=p-2$となるので，$\triangle PAB=\frac{1}{2}\times AB\times PI=\frac{1}{2}\times4\times(p-2)=2p-4$となる。また，$\triangle OAB=\frac{1}{2}$▱$ABOC=\frac{1}{2}\times8=4$である。よって，〔四角形OAPB〕$=(2p-4)+4=2p$となる。

(5)<座標>〔四角形 OAPB〕=2▱ABOC となるとき，(3)，(4)より，$2p=2\times8$ が成り立ち，$p=8$ となる。これより，点 P の y 座標は 8 である。点 P は放物線 $y=\frac{1}{2}x^2$ 上の点だから，$8=\frac{1}{2}x^2$ より，$x^2=16$，$x=\pm4$ となり，点 P の x 座標が正より，$x=4$ となる。よって，P(4，8)である。

4 〔平面図形―円，二等辺三角形〕

(1)<論証>右図の△BQP と△CSP で，線分 BQ が円 O の直径だから，半円の弧に対する円周角を利用して，∠BPQ＝∠CPS＝90° となる。また，△ABC が AB＝AC の二等辺三角形より，∠QBP＝∠SCP である。解答参照。

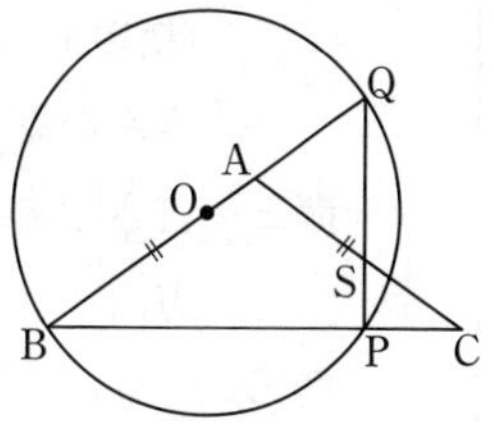

(2)<論証>右図で，(1)より，△BQP∽△CSP だから，相似な図形の対応する角より，①は，∠BQP＝∠CSP となる。対頂角なので，②は，∠CSP＝∠ASQ となり，①，②より，∠BQP＝∠ASQ となる。△ASQ において，2 角が等しいので，△ASQ は AQ＝AS の二等辺三角形である。

国語解答

一 問一 速読

問二 本の中のさまざまな仕掛けや，意味深い一節，絶妙な表現などを，みんな見落としてしまうこと。

問三 書き手の視点で読む[という読み方。]

問四 作家　問五 Ⅲ

問六 手に入る情報が少なかったから。

問七 大量の情報を網羅するために，いろいろなタイプの本を速読して，ほとんどマトモに内容も覚えていないような，無意味な読書。

問八 ① 自慢 ② 訴 ③ まいぞうきん ④ ほどこ ⑤ 財布

二 問一 エ

問二 「日向」と「日陰」の境界線

問三 クラスメイトや先生が，いつだって葉子を相手にしない様子。

問四 赤　問五 ウ　問六 イ

問七 骨の折れる仕事で，できばえも審査対象になる責任重大な応援旗係の立候補者が出ず，譲り合いの空気の中で，クラスで一人だけの美術部のしおりが，応援旗係を引き受けることをクラスメイトや先生が期待している雰囲気。

問八 ウ

問九 絵を描く人になりたいという同じ夢を持っていたしおりとの距離が中学に入ってから開いていってしまい，それを何とかしようと考え始めていたときに，みんなが他人事のように思っている中でしおりが応援旗係を引き受けさせられていて，かわいそうで放っておけないと思ったから。

一〔論説文の読解―芸術・文学・言語学的分野―読書〕出典；平野啓一郎『本の読み方　スロー・リーディングの実践』「量から質への転換を――スロー・リーディング基礎編」。

≪**本文の概要**≫スロー・リーディングとは，一冊の本をできるだけ時間をかけ，ゆっくりと読むことである。速読では，本の中のさまざまな仕掛けや，意味深い一節，絶妙な表現などを，見落としている可能性がある。それゆえ，スロー・リーディングとは，損をしないための読書だともいえるだろう。スロー・リーディングの方法として，書き手の視点で読むという読み方がある。小説にはさまざまな仕掛けや工夫があり，読書を楽しむには，それらを見落とさないことから始めなければならない。今の時代，本の情報は絶えず手もとに届けられ，以前よりはるかに多くの本を入手できる。しかし，それで，私たちがかつての人間よりも知的な生活を送っているとはいえないし，文学が質的に豊かになったともいえない。私たちは，かつての世界には戻れないが，読書は，スロー・リーディングできる範囲で十分である。私たちは，情報の恒常的な過剰供給社会の中で，本当に読書を楽しむために，「量」の読書から「質」の読書へと，発想を転換してゆかなければならない。

問一＜語句＞「時間をかけ，ゆっくりと読むこと」の反対の意味は，時間をかけずに速く読むことである。そのような読み方は，「速読」である。

問二＜文章内容＞スロー・リーディングをする人，すなわち「スロー・リーダー」は，「本の中の様々な仕掛けや，意味深い一節，絶妙な表現など」を楽しむことができる。しかし，速読をすると，その「本の中の様々な仕掛けや，意味深い一節，絶妙な表現など」を「みんな見落としてしまっている」可能性がある。

問三＜指示語＞「この読書法」とは，「スロー・リーディング」の方法である。その「スロー・リーディング」の方法の一つは，「書き手の視点で読む，書き手になったつもりで読む」という読み方である。

問四＜文章内容＞「私」は，「作家になる前となった後とでは，本の読み方が変わって」きた。「作家」になってからは，「書き手の視点で読む」ようになり，「単に一読者として小説を読んでいた頃には気がつかなかった様々な仕掛けや工夫に注意を払うように」なった。そのような読み方は，「私」だけでなく，他の「作家」たちも行っている。

問五＜文脈＞推理小説だけでなく，他のジャンルの小説にも，さまざまに伏線が張り巡らされている。それらは，見落としてしまったとしても，「小説がそこから先へは進めないということには必ずしもならない」ため，「速読の際には，しばしば見落とされて」しまう。しかし，「読書を今よりも楽しいものにしたいと思う」のであれば，まずはそうした，「書き手の仕掛けや工夫を見落とさない」というところから始めなければならない。

問六＜文章内容＞現代では，「新刊情報は絶えず手もとに届けられて」おり，「情報」があふれるほどある。同じことは，音楽についてもいえる。「私たちは，ともかくも，手に入る情報を一通り揃えておかなければ，何もできないというような世界に生きている」のである。しかし，「かつての人間たち」が手にすることのできた「情報」は，「ごくごく限られたもの」だった。彼らは，「少ない情報だけ」を，時間をかけてゆっくり読んだり聴いたりするしかなかったのである。

問七＜文章内容＞現代は「大量の情報」がある時代であるが，その「すべて」を「網羅する必要はない」し「網羅することは不可能」である。それを網羅しなければならないとすれば，「必要に迫られて，つい速読して」しまうことになるだろう。しかし，そのように「網羅」を意図して速読した本の中には，「ほとんどマトモに内容も覚えていないようなもの」もあり，自分に無理なく読める範囲を超えた読書をしても，「無意味」である。

問八＜漢字＞①自分のことや自分が関わっている物事を自分でほめて誇ること。　②音読みは「提訴」などの「ソ」。　③うずめ隠されている金銭のこと。　④音読みは「実施」などの「シ」と「布施」などの「セ」。　⑤「財」のもう一つの音読みは「財産」などの「ザイ」。

二〔**小説の読解**〕出典；水野瑠見『十四歳日和』「ボーダレスガール――佐古葉子」。

問一＜慣用句＞興奮したり喜んだりして勢いのある声を出すことを，「声をはずませる」という。

問二＜文章内容＞「私」は，「小学校のころとはまるで別物」の中学生活を送るようになった。「見た目が変わっただけ」なのに，「クラスの子たちが気さくに声をかけて」くれるようになり，「もうだれも，私を指さして笑ったりしないし，バカにすることだってない」というように，「毎日は，格段に過ごしやすくなって」いて，「日向」の中にいるようだった。しかし，「しおりのほうは，そうじゃなかった」のであり，「廊下の端の教室の中」で「ひとりうつむいている」こともよくあった。「『日向』と『日陰』の境界線」が，「私たちをくっきりと分ける」という状態だったのである。

問三＜文章内容＞小学校のころの「私」は，「運動はからきし，勉強もイマイチ」で「教室の中ではさえなくて，クラスメイトからも先生からも，いつだって相手にされなくて」，クラスに溶け込んでいる中学校での「私」とは，別人のようだった。

問四＜慣用句＞全く関係のない他人のことを，「赤の他人」という。この場合の「赤」は，まったくの，明らかな，という意味。

問五＜心情＞芙美は染谷先生に夢中で，朱里やりっちゃんも「便乗して盛り上がる」中，「私」は，「なんとなくその空気についていけず，ただぎこちないほほえみを浮かべて」いた。「グループのみんなはもれなく恋バナ好き」だが，「私」は，「恋とかってよく分からない」ので「気おくれ」していた。「私」は，皆が関心を持っていることに同じように関心を持つことができなかったのである。

問六＜心情＞中学校に入ってからしおりとの距離ができてしまった「私」は，「一年ぶりに同じクラスになった今」では「『おはよう』や『バイバイ』さえ交わさない」ほどにしおりとは関わっていなかった。そんなとき，美術室にある「ぴかりと光って見えた」絵にしおりのサインを見つけ，「私」は，自分がしおりと関わっていなかったこのしばらくの間に，しおりは絵を描き続けてこんなにすばらしい絵を描くようになっていたことを知った。

問七＜文章内容＞応援旗係は，「他の係と比べて圧倒的に骨の折れる仕事だし，応援旗のできばえも審査対象になるから責任重大ってこと」から，教室には「『ゆずり合い』の空気」が流れ始めた。そのとき矢代くんが「うちのクラスって，美術部の人いないんですか？　どうせなら，そういうの得意な人が率先してやってくれたほうが，クラスのためにもなると思うし」と言うと，「他の子たちもすっかり納得したように，あちこちでうなずき合って」いて，「ざわめき」は，「一方向へ収束して」いった。応援旗係には「美術部の人」になってもらおうというのが，クラスの皆の意向になってきたのである。

問八＜品詞＞「決して」は，下に打ち消しの語を伴う。「ぜひ」は，下に願望や依頼を表す語を伴う。「もし」は，下に仮定を表す語を伴う。このような呼応は，同じ副詞であっても「かなり」にはない。

問九＜心情＞「私」は，小学校のときはしおりとともに，将来は「絵を描く人」になりたいという夢を語り合っていたのに，中学校に入ると「私」としおりの間には距離ができてしまい，今ではほとんど関わらなくなっていた。ところが，偶然しおりのすばらしい絵を見たことから，「私」は，「私このままでいいのかな。しおりからも，絵を描くことからも離れたままで」と思うようになっていた。ちょうどそのとき，骨の折れる仕事で責任も重大な応援旗係を，クラス全体でしおりに押しつけるような雰囲気になり，しおりはそれを引き受けざるを得なくなった。それを見ていた「私」は，しおりを気の毒に思うだけでなく，今しおりに協力できるのは，「絵を描く人」になりたいという同じ夢を持っていた自分しかいないと思った。

＝読者へのメッセージ＝

ヨーロッパではグーテンベルクによって活版印刷技術が発明され，この技術は十六世紀には日本にも入ってきました。活版印刷とは，一つ一つの文字について金属で活字をつくり，それを組み合わせて文書を印刷するものです。しかし，仮名が続けて書かれることの多い日本語に活字はなじまなかったこともあって，日本では活版印刷は広まらず，江戸時代は文書全体を一枚の木版にしたものを用いた木版印刷が主流でした。

Memo

Memo

当社発行物の無断使用は固くお断りいたします。御使用の前はまずご相談ください。

当社発行物には500点余の首都圏中・高過去問をはじめ、6点の学校案内、そのほかいくつかの情報誌などがございます。その多くが年度版で、限られたスタッフが来るべき受験シーズン前に余裕を持って受験生へ届けられるよう、日夜作業にあたり出版を重ねております。

最近、通塾生ご父母や塾内部からの告発によって、いくつかの塾が許諾なしに当社過去問を複写（コピー）し生徒に配布、授業等にも使用していることが発覚し、その一部が紛争、係争に至っております。過去問には原著作者や管理団体、代行出版等のほか、当社に著作権がございます。当社としましては、著作権侵害の発覚に対しては著作権を有するこれらの著作権関係者にその事実を開示して、マスコミにリリースする場合や法的な措置を取る場合がございます。その事例としましては、毎年当社過去問の発行を待って自由にシステム化使用していたＡ塾、個別教室でコピーを生徒に解かせ指導していたＢ塾、冊子化していたＣ社、生徒の希望によって書籍の過去問代わりにコピーを配布していたＤ塾などがあります。

当社発行物の全部もしくは一部を無断使用することは固くお断りいたします。

当社コンテンツの中にはリーズナブルな設定で紙面の利用を許諾している塾もたくさんございますので、ご希望の方は、お気軽にご相談くださいますようお願いします。同時に、当社発行物を無断で使用している会社などにつきましての情報もお寄せいただければ幸いです。

株式会社 声の教育社

2025年度用

高校スーパー過去問

■編集人 声の教育社・編集部

■発行所 株式会社 声の教育社

〒162-0814 東京都新宿区新小川町8-15

☎03-5261-5061㈹ FAX03-5261-5062

https://www.koenokyoikusha.co.jp

カコを追いかけ
ミライをつかめ

女子美術大学付属高等学校

別冊解答用紙

丁寧に抜きとって、別冊としてご使用ください。

★教科別合格者平均点＆合格者最低点

年度	英語	数学	国語	美術（実技）	合格者最低点
2024	62.8	55.7	70.7	103.6	264
2023	63.3	56.6	63.7	103.1	267
2022	64.9	51.5	69.8	99.5	272
2021	74.7	66.8	67.5	109.5	167

※美術（実技）は 150 点満点。
※合格者最低点は、2022～2024 年度は美術を含む（450 点満点）、
2021 年度は美術を除く 3 科の合計点（300 点満点）。

注意

○ 解答用紙は、収録の都合により縮小したものや、小社独自に作成したものもあります。
○ 学校配点は学校発表のもの、推定配点は小社で作成したものです。
○ 無断転載を禁じます。
○ 解答用紙を拡大コピーする場合、表示した拡大率に対応する用紙サイズは以下のとおりです。
101%～102%＝B5　103%～118%＝A4　119%～144%＝B4　145%～167%＝A3
（タイトルと配点表は含みません）

２０２４年度　女子美術大学付属高等学校

英語解答用紙

番号		氏名		評点	／100

1

1							
2							
3	２番目（　　）４番目（　　）	4		5			
6		7		8		9	
10						11	
12		13	（　　）（　　）	14			
15		16	歳	17			

2

1		2		3	
4		5			

3

1		2		3		4		5	

4

1	（　　）/（　　）	2	（　　）（　　）
3	（　　）（　　）	4	（　　）（　　）
5	（　　）（　　）		

5

1		2		3		4		5	

6

1		2		3	
4		5			

7

1	(　　).
2	Study (　　).
3	My dream is (　　)(　　) a (　　).
4	(　　) Kenta (　　) a (　　) now?
5	
6	

（注）この解答用紙は実物を縮小してあります。A３用紙に147％拡大コピーすると、ほぼ実物大で使用できます。（タイトルと配点表は含みません）

推定配点		計
	1～6　各２点×43〔1 17は各２点×２〕 7　１～４　各２点×４　５，６　各３点×２	100点

２０２４年度　　女子美術大学付属高等学校

数学解答用紙

番号		氏名		評点	／100

1

(1)	
(2)	
(3)	
(4)	
(5)	
(6)	
(7)	
(8)	度
(9)	
(10)	
(11)	

2

(1)	㋐	
	㋑	
	㋒	
	㋓	
	㋔	
(2)		円

3

(1)	
(2)	
(3)	
(4)	
(5)	倍

4

(1)	［証明］
(2)	:

（注）この解答用紙は実物を縮小してあります。Ａ３用紙に152％拡大コピーすると、ほぼ実物大で使用できます。（タイトルと配点表は含みません）

推定配点		計
	1　各５点×11　　2　(1)　各２点×５　(2)　５点 3　各３点×５　　4　(1)　10点　(2)　５点	100点

二〇二四年度　女子美術大学付属高等学校

国語解答用紙　No. 1

番号　　氏名　　評点　/100

一

問一

問二

問三

問四　1　2

問五

問六

問七　①ショウコ　②ムダ

二

問一　ところ

二〇二四年度 女子美術大学付属高等学校

国語解答用紙 No. 2

問二

問三

問四

問五

問六

問七

問八

問九
① コウフン
② オ しい
③ 凝視

（注）この解答用紙は実物を縮小してあります。Ａ３用紙に164%拡大コピーすると、ほぼ実物大で使用できます。（タイトルと配点表は含みません）

推定配点

㊀ 問一、問二 各6点×2 問三 5点 問四 各3点×2 問五 5点 問六 8点 問七 各2点×2
㊁ 問一 4点 問二 10点 問三 5点 問四 各2点×2 問五 10点 問六 8点 問七 5点 問八 8点 問九 各2点×3

計 100点

２０２３年度　女子美術大学付属高等学校

英語解答用紙

番号		氏名	

評点	／100

1

1		2	ア						
2	イ								
3		4	２番目（　　）４番目（　　）						
5									
6		7							
8		9		10		11		12	
13		14		15		16			

2

1		2		3	
4		5			

3

1		2		3		4		5	

4

1	(　　)(　　)	2	(　　)(　　)
3	(　　)(　　)	4	(　　)(　　)
5	(　　)/(　　)		

5

1		2		3	
4		5			

6

1		2		3	
4		5			

7

1	She (　　) every morning.
2	I think this book (　　).
3	I visited a pet shop (　　)(　　)(　　) the station.
4	(　　) play baseball (　　)(　　) is fine tomorrow.
5	
6	

（注）この解答用紙は実物を縮小してあります。A３用紙に147％拡大コピーすると、ほぼ実物大で使用できます。（タイトルと配点表は含みません）

推定配点		計
	1～6　各２点×43〔1 16は各２点×２〕 7　１，２　各３点×２　３～６　各２点×４	100点

２０２３年度　女子美術大学付属高等学校

数学解答用紙

番号		氏名		評点	／100

1

(1)	
(2)	
(3)	
(4)	
(5)	
(6)	
(7)	
(8)	度
(9)	
(10)	
(11)	cm³

2

(1)	㋐	
	㋑	
	㋒	
	㋓	
(2)		冊

3

(1)	
(2)	
(3)	
(4)	
(5)	

4

(1)	［証明］
(2)	cm

（注）この解答用紙は実物を縮小してあります。Ａ３用紙に154％拡大コピーすると、ほぼ実物大で使用できます。（タイトルと配点表は含みません）

推定配点		計
	1 各５点×11　**2** (1) 各２点×４　(2) ５点 **3** (1)～(3) 各３点×３　(4), (5) 各４点×２ **4** (1) 10点　(2) ５点	100点

二〇二三年度　女子美術大学付属高等学校

国語解答用紙　No. 1

番号　　氏名　　評点　／100

一

問一

問二

問三

問四

問五

問六

問七　①　カイタクチ　②　侵　されて

二

問一　八千代さん　初め　終わり　ひいばあちゃん　初め　終わり

問二

問三

二〇二三年度　女子美術大学付属高等学校

国語解答用紙　No.2

問四	
初め	
終わり	

問五	

問六	

問七	

問八	

問九			
(1)		(2)	

問十			
①	欠陥	②	ビミョウ

（注）この解答用紙は実物を縮小してあります。A３用紙に154%拡大コピーすると、ほぼ実物大で使用できます。（タイトルと配点表は含みません）

推定配点	計
一 問一　8点　問二　4点　問三　5点　問四　4点　問五　6点 問六　5点　問七　各2点×2 二 問一、問二　各3点×3　問三、問四　各5点×2　問五　10点 問六　4点　問七　10点　問八　12点　問九　(1)　2点　(2)　3点 問十　各2点×2	100点

2022年度　女子美術大学付属高等学校

英語解答用紙

番号		氏名		評点	／100

1

1		2	（　　）こと				
3		4		5		6	
7	2番目（　　）4番目（　　）					8	
9		10		11			
12		13		14		15	
16		17					

2

1		2		3	
4		5			

3

1		2		3		4		5	

4

1	（　　）（　　）	2	（　　）（　　）
3	（　　）（　　）	4	（　　）/（　　）
5	（　　）（　　）		

5

1		2		3	
4		5			

6

1		2		3	
4		5			

7

1	The girl (　　) Lisa.
2	Can you (　　)?
3	The painting was (　　) beautiful (　　) she (　　) not say anything.
4	(　　) is exciting (　　) me (　　) use the tablet.
5	
6	

（注）この解答用紙は実物を縮小してあります。A3用紙に149％拡大コピーすると、ほぼ実物大で使用できます。（タイトルと配点表は含みません）

推定配点		計
	1～6　各2点×43〔1 17は各2点×2〕 7　1～4　各2点×4　5，6　各3点×2	100点

２０２２年度　女子美術大学付属高等学校

数学解答用紙

番号		氏名		評点	／100

1

(1)

(2)

(3)

(4)

(5)

(6)

(7)

(8)　度

(9)

(10)

(11)

2

(1) ㋐ ㋑ ㋒ ㋓ ㋔

(2)　kg

3

(1)

(2)

(3)

(4)

(5)

4

(1) ［証明］

(2)　度

(注) この解答用紙は実物を縮小してあります。Ａ３用紙に152%拡大コピーすると、ほぼ実物大で使用できます。(タイトルと配点表は含みません)

推定配点		計
	1　各５点×11　　2　(1)　各２点×５　(2)　５点 3　各３点×５　　4　(1)　10点　(2)　５点	100点

二〇二三年度　女子美術大学付属高等学校

国語解答用紙　No. 1

番号　　氏名　　評点　/100

一

問一

問二

問三

問四

問五　初め　　終わり

問六

問七

① ジッセン

② ソンして

③ 偏った

④ クンリン

⑤ カゲ

二〇二二年度　女子美術大学付属高等学校

国語解答用紙　No.2

二

問一

問二

問三

問四

問五

問六

問七

問八

問九

問十

（注）この解答用紙は実物を縮小してあります。A３用紙に156%拡大コピーすると、ほぼ実物大で使用できます。（タイトルと配点表は含みません）

推定配点	
一 問一　5点　問二、問三　各4点×2　問四、問五　各6点×2 問六　10点　問七　各2点×5 二 問一　8点　問二　3点　問三　5点　問四　4点　問五　5点 問六　3点　問七　4点　問八　8点　問九　5点　問十　10点	計　100点

２０２１年度　女子美術大学付属高等学校

英語解答用紙

番号		氏名		評点	／100

1

1		2		3			
4	（　　）している（　　）に会いに行くため。						
5		6				7	
8		9		10			
11	And first (　　).						
12		13		14			
15	（　）時	16		17			

2

1		2		3	
4		5			

3

1		2		3		4		5	

4

1	(　　)(　　)	2	(　　)/(　　)
3	(　　)(　　)	4	(　　)(　　)
5	(　　)(　　)		

5

1		2		3	
4		5			

6

1		2		3	
4		5			

7

1	We (　　).
2	(　　) English ?
3	Yuki (　　)(　　) last (　　).
4	(　　)(　　) be (　　) this weekend.
5	
6	

（注）この解答用紙は実物を縮小してあります。Ａ３用紙に152％拡大コピーすると、ほぼ実物大で使用できます。（タイトルと配点表は含みません）

推定配点		計
	1～6　各２点×43〔1 17は各２点×２〕 7　１～４　各２点×４　５，６　各３点×２	100点

２０２１年度　女子美術大学付属高等学校

数学解答用紙

番号		氏名		評点	／100

1

(1)	
(2)	
(3)	
(4)	
(5)	
(6)	
(7)	
(8)	度
(9)	
(10)	通り
(11)	

2

(1)	㋐	
	㋑	
	㋒	
	㋓	
	㋔	
(2)		%

3

(1)	
(2)	
(3)	
(4)	
(5)	

4

(1)	［証明］		
(2)	(ア)	(イ)	(ウ)

（注）この解答用紙は実物を縮小してあります。Ａ３用紙に152％拡大コピーすると、ほぼ実物大で使用できます。（タイトルと配点表は含みません）

推定配点		計
	1　各５点×11　2　(1)　各２点×５　(2)　５点 3　各３点×５　4　(1)　９点　(2)　各２点×３	100点

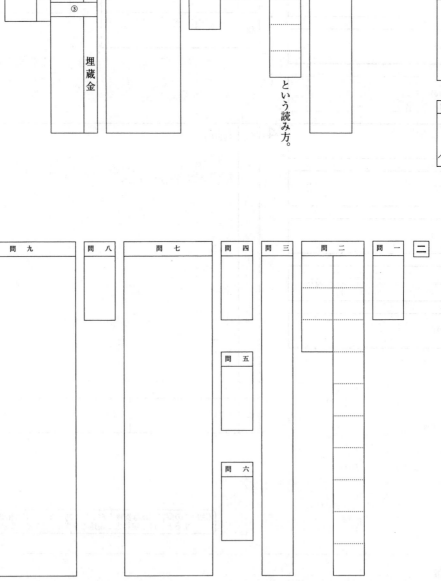

二〇二一年度　女子美術大学付属高等学校
国語解答用紙　No. 1

番号　氏名　評点　/100

一

問一

問二

問三
という読み方。

問四

問五

問六

問七

問八
① ジマン
② ウッタえたい
③ 埋蔵金
④ 施していう
⑤ サイフ

二〇二一年度　女子美術大学付属高等学校
国語解答用紙　No. 2

二

問一

問二

問三

問四

問五

問六

問七

問八

問九

推定配点

一　問一　4点　問二　6点　問三　5点　問四、問五　各4点×2
問六　6点　問七　8点　問八　各2点×5
二　問一　3点　問二、問三　各6点×2　問四　3点
問五、問六　各5点×2　問七　10点　問八　3点　問九　12点

計　100点